Zum Gedenken an Francis Rolt-Wheeler
und Christian Loring

Sie werden den Tag nicht aus dem Himmel werfen,
Sie werden das Lied nicht aus der Welt werfen.
Durch das Lied und das Licht, das sie geben,
Wissen wir, dass deine Werke leben.

– Algernon Swinburne, *The Last Oracle*

DANKSAGUNG

Ich bin Adam McLain sehr dankbar für seine freundliche Hilfe beim Start. Vielen Dank an Séverine Jeauneau für ihre Unterstützung dieses lang gehegten Traumprojekts. Ein besonderer Dank geht an Philip Graves von der Astrolearn Astrology Library für seine Hilfe bei der Beschaffung von Kopien verlorener Seiten. Ich danke Karen Mahony und Alex Ukolov für die freundliche Genehmigung, ihren Artikel von http://magicbohemia.com zu zitieren. Wil Kinghan, der sich mit großem Einsatz der schwierigen Wiederherstellung des Kunstwerks gewidmet hat, danke ich für Ihr Können und Ihre Ausdauer. Abschließend möchte ich John Matthews für seine Beharrlichkeit bei der Suche nach dem *Tarot Médiéval* und für seine Hilfe bei der Neubelebung des Werks danken. Ich weiß, dass Sie an diesem Buch arbeiten wollten, aber andere Aufträge haben Sie daran gehindert. Ich hoffe, es gefällt Ihnen!

INHALT

BILDER

NEUAUFLAGE EINES LANGE VERSCHOLLENEN TAROTS

1940 erlebte das Theater des Zweiten Weltkriegs einen weiteren tragischen Akt: La Belle France – einst die Bastion für alles Schöne, Elegante und Kulturelle – musste mit ansehen, wie Paris den einfallenden Nazi-Truppen zum Opfer fiel. Am 22. Juni hatte sich die Vichy-Regierung unter Marschall Pétain mit Deutschland arrangiert und die Nachfolge der Dritten Republik angetreten. Die Nazi-Stiefel hallten durch die französischen Straßen, als Hitler nur zwei Tage später Paris besuchte – um sich über seinen Sieg zu freuen und sich das berühmte Fotomotiv vor dem Eiffelturm zu sichern. Dieses Bild sprach Bände für das besiegte Europa. Das schöne Frankreich war gefallen und mit ihm verschwanden viele schöne Dinge.

Tarot Médiéval von Francis Rolt-Wheeler und der Künstlerin Christian Loring war ein Tarot, das im schicksalhaften Jahr 1939 in Nizza, Frankreich, veröffentlicht wurde. Dieser Druck scheint den Fall Frankreichs im Juni 1940 nicht überstanden zu haben, und die wenigen Exemplare, die noch existieren, werden nur noch in Auktionshäusern gehandelt, so selten ist es inzwischen.

Der britische Esoteriker Francis Rolt-Wheeler (1876–1960) war ein unternehmungslustiger Mann. Mit zwölf Jahren lief er von zu Hause weg und begab sich auf einem Segelschiff auf die Reise in die Vereinigten Staaten. Er arbeitete als Redakteur für verschiedene US-amerikanische und kanadische Zeitungen und wurde später zum Episkopalen-Priester geweiht. Er hielt Vorträge für das

New York Board of Education und schrieb zwischen 1916 und 1924 eine Reihe von Abenteuerbüchern für Jungen. Ab den späten 1920er Jahren konzentrierte sich sein literarisches Schaffen jedoch auf esoterische Studien. 1923 reiste er dann weiter nach Tunesien, wo er das Astrologische Institut von Karthago gründete. Seine langjährige esoterische Zeitschrift L'Astrosophie wurde von 1929 bis 1958 veröffentlicht, mit einer kriegsbedingten Unterbrechung zwischen Juni 1940 und September 1949. Rolt-Wheeler war eine beständige Größe in der europäischen esoterischen Gemeinschaft und verbreitete esoterische Ideen in seiner Zeitschrift.

Die Details zu Christian Loring konnten nicht ermittelt werden, und ich bin zu dem Schluss gekommen, dass dies daran liegt, dass sie sich sehr bedeckt hielt oder, was wahrscheinlicher ist, dass dieser Name lediglich ein Pseudonym war. Rolt-Wheeler beschreibt die Künstlerin als „ernsthafte Gelehrte und Okkultistin", die sich mit Kabbala auskannte, und als „Meisterin der Farbharmonie", was uns den einzigen Hinweis auf das Geschlecht der Künstlerin gibt! Rolt-Wheeler arbeitete erneut mit Loring zusammen, die einfühlsame Schwarz-Weiß-Illustrationen für sein Buch „Mystic Gleams from the Holy Grail" (1948) anfertigte. Tatsächlich war es Christian Loring, die dieses Tarot in Gang brachte, denn sie hatte 1934 eine Ausstellung ihrer Tarot-Bilder im Herbstsalon. Ihre Bilder auf dieser jährlichen Kunstausstellung auf den Champs-Élysées begeisterten Rolt-Wheeler sichtlich, der in der Juli-Ausgabe 1935 seiner Zeitschrift L'Astrosophie (in der er begann, Artikel über die großen Arkana zu veröffentlichen, begleitet von Schwarz-Weiß-Darstellungen von Lorings Karten) schrieb:

„Auf völlig überraschende und unerwartete Weise wurde uns kürzlich gestattet, eine Reihe von Tarotkarten zu sehen, die von Christian Loring mit großer Finesse und Eleganz gemalt wurden und im Herbstsalon ausgestellt sind. Die Farben sind wunderschön und so subtil, dass es fast unmöglich erscheint, diese Arkana in Schwarz-Weiß zu rendern. Wir haben die Hoffnung nicht aufgegeben, dass eines Tages ein Liebhaber der Schönheit und des spirituellen Denkens – vielleicht einer oder mehrere unserer vielen Leser – dieses wunderbare Tarot reproduziert und es als Vermächtnis für zukünftige Generationen hinterlässt oder uns dabei hilft, dies auf praktischer Basis zu tun. Dies ist einfach das schönste Tarot-Kartenset der Welt, auf das es so lange gewartet hat."

Offensichtlich hat Rolt-Wheeler irgendwie die finanziellen Mittel gefunden, um das Tarot zu veröffentlichen – möglicherweise von seinen vielen Abonnenten des Magazins L'Astrosophie – nur um es dann leider durch die Kriegswirren zu verlieren; es ist möglich, dass die gesamte Auflage und vielleicht auch die Originalvorlage zu diesem Zeitpunkt zerstört wurden. Rolt-Wheeler druckte die Artikel und Schwarz-Weiß-Bilder des Tarot zwar erneut in L'Astrosophie, unternahm jedoch nie wieder den Versuch, das *Tarot Médiéval* neu aufzulegen, dessen Seltenheit es nun für alle außer den exklusivsten Tarot-Sammlern unerreichbar macht.

Wir neigen dazu, die Zeit zwischen der Veröffentlichung des Rider-Waite-Smith-Decks im Jahr 1909 und der Tarot-Explosion der letzten fünfzig Jahre als eine Art Tarot-Wüste zu betrachten, aber *Tarot Médiéval* hilft, diese Annahme zu korrigieren, indem es zeigt, dass die Zeit zwischen den beiden Weltkriegen ihre eigene Vision hatte. *Tarot Médiéval* steht zwischen der Ära, in der das Rider-Waite-Smith-Deck 1909 veröffentlicht wurde, dem Oswald-Wirth-Tarot des Imagiers von 1927 und dem Knapp-Hall-Tarot von Manley Hall und J. Augustus Knapp von 1929 und der Ära der kommerziellen Tarot-Veröffentlichungen, die in den 1970er Jahren begann.

Auf der Grundlage des gedruckten Textes von Rolt-Wheelers esoterischem Magazin L'Astrosophie und anderer Quellen habe ich Rolt-Wheelers Originaltext für jede Karte aus dem Französischen übersetzt, während Lorings Kunstwerke aus Fotografien der Originalkartenbilder von Wil Kinghan rekonstruiert wurden.

Bei der Übersetzung von Rolt-Wheelers Original habe ich eng am Text gearbeitet, nur sich wiederholende Passagen entfernt und ausschweifende Ausführungen gekürzt. Gelegentlich habe ich auch Passagen entfernt oder bearbeitet, die aufgrund der veralteten Ansichten über die Rollen von Männern und Frauen in der Gesellschaft, die gelegentlich im Text auftauchen, Anstoß erregen könnten, und längere Lehrabschnitte in den zweiten Teil verschoben, wo der Leser mehr Muße haben könnte, sie zu studieren.

Die Einträge für jede Karte untersuchen ihre symbolische, initiatorische, kabbalistische, numerologische, astrologische und divinatorische Bedeutung, wobei der Schwerpunkt auf dem spirituellen Leben des Initiierten liegt. Für den modernen Benutzer, der eher daran gewöhnt ist, dass die divinatorischen Bedeutungen jeder Karte im Vordergrund stehen, habe ich weitere divinatorische Vorschläge hinzugefügt: Diese sind durch die Verwendung von „Auch" gekennzeichnet, was anzeigt, dass der folgende Text hinzugefügt wird. Diese Erweiterungen stammen größtenteils aus dem Werk von Etteilla, auf das sich der Autor stützte. Rolt-Wheeler war ein leidenschaftlicher Sammler und stellte Listen magischer und symbolischer Entsprechungen zusammen, wobei er manchmal unterschiedliche Traditionen auf eine Weise gleichsetzte, die heute etwas erzwungen wirkt. Dies entsprach der damaligen Mode, in der es nur wenige traditionelle magische Ausbildungen gab; die zusätzliche Gewissheit, dass man erfuhr, „wie man es richtig macht", gab dem eifrigen Schüler Selbstvertrauen.

Bitte beachten Sie, dass der Autor in seinen Beschreibungen der einzelnen Karten oft Details erwähnt, die auf dem Bild nicht vorhanden sind, oder er beschreibt sie anders: Ich habe diese Anomalien beibehalten.

Im ersten Teil, der den Originaltext von Francis Rolt-Wheeler enthält, sind meine Kommentare in einer anderen Schriftart gehalten. Im zweiten Teil habe ich einen historischen Hintergrund bereitgestellt, damit die Leser die Abstammung dieses Tarot sowie die magischen und initiatorischen Aspekte des Tarot verstehen können, die der Autor praktizierte. Ich habe meine eigenen kabbalistischen Zuordnungen von Karten zum Lebensbaum beiseitegelassen, um die Schulmethode von Oswald Wirth zu würdigen, der der Autor folgte, und gebe einige eigene Methoden an, mit denen Sie diese Zusammenhänge etwas tiefer erforschen können. Ein Glossar mit exoterischen Fachbegriffen und Anmerkungen finden Sie auf S. 202.

Rolt-Wheeler war tief bewegt von der mittelalterlichen Vision und von Christian Lorings Bildern, die sich auf eine idealisierte mittelalterliche Welt beziehen, deren Spuren noch überall in Frankreich zu sehen sind. Angesichts der Krise Europas sandte die mittelalterliche Ästhetik des Autors und seine spirituelle Hingabe an den esoterischen Weg seinen bezaubernden Gesang in das Herz der Finsternis und klang wie ein Weckruf, wieder zu den Grundwerten zurückzukehren, die die Zivilisation aufrechterhalten.

Wie der Engel, der seine Posaune über den Gräbern auf der Karte „Das Jüngste Gericht“ bläst, erhebt sich dieses Tarot zu einer Zeit von den Toten, in der wir vor verschiedenen Herausforderungen stehen. Möge die Kraft und der Mut, mit denen Rolt-Wheeler den Weg des Eingeweihten zu einer Zeit beschritt, als Europa vor den Herausforderungen des Krieges stand, uns allen ermöglichen, die hohen Ideale des *Tarot Médiéval* in unserer eigenen Zeit zu verkörpern.

Caitlín Matthews
Januar–August 2021
Oxford

TEIL EINS

DER ORIGINALTEXT DES TAROT
TAROT MÉDIÉVAL

Von Francis Rolt-Wheeler

Bearbeitet und übersetzt von Caitlín Matthews

Jeder Stern hat einen individuellen Namen.
– Aryeh Kaplan, *Sepher Jetzira*

EINFÜHRUNG IN DAS
TAROT MÉDIÉVAL

von Francis Rolt-Wheeler

Das folgende Vorwort stammt aus Band XIII, Nr. 1 von L'Astrosophie, datiert vom Juli 1935, in dem Rolt-Wheeler seine Leserschaft in die von Christian Loring gemalten Tarotkarten einführt. Zum Zeitpunkt der Abfassung dieses Textes war es ihm nicht möglich, das Tarot zu veröffentlichen, aber er hatte beschlossen, jedes Bild mit einem Kommentar zu versehen. Hier gibt uns der Autor seine ersten Eindrücke von Lorings Werk sowie seine eigene Meinung zu existierenden Tarotkarten und einen Hinweis auf seine eigenen Forschungsquellen. CM

AN UNSERE LESER

Die Geheimnisse des Tarot, die Mysterien des Rosenkreuzes, die Suche nach dem Heiligen Gral und die Transmutation des Steins der Weisen sind nichts anderes als vier verschiedene Aspekte derselben Sache: die Entdeckung und Erforschung der erhabenen Mysterien der spirituellen Welt. Von diesen vier Wegen besitzt das Tarot den großen Vorteil, bildlich zu sein; aber andererseits haben das Bildliche und Symbolische einen schrecklichen Nachteil erlitten, denn ihre wunderbare Symbolik wurde durch Zeichnungen vermittelt, die so grotesk, so schlecht gemacht und so unfein in ihrer Farbgebung sind, dass sie völlig ungeeignet sind, die symbolischen und spirituellen Lehren des Tarot zu vermitteln, und den Schüler fast dazu bringen, ein solches Studium aufzugeben, da die Karten jegliche Begeisterung dämpfen.

Auf subtile und unerwartete Weise wurde mir kürzlich die Gelegenheit geboten, eine Reihe von Tarotkarten von großer Finesse und Eleganz zu sehen, die von Christian Loring gemalt wurden, die im Herbstsalon ausgestellt wurden. Die Farbgebung ist prächtig und so subtil, dass es uns fast unmöglich erschien, diese Karten nur in Schwarz-Weiß zu übertragen. Wir hegen die Hoffnung, dass eines Tages ein Liebhaber von Schönheit und spirituellem Denken – vielleicht einer unserer vielen Leser – dafür sorgen wird, dass dieses wunderbare Tarot dem gemeinsamen Erbe zukünftiger Generationen überlassen wird, oder uns vielleicht sogar die Mittel gibt, uns bei der Herstellung dieses Tarots zu helfen. Es ist das einzige wirklich schöne Tarotkartenset, das es auf dieser Welt gibt, eines, auf das die Welt seit Jahrhunderten gewartet hat. Wir sind stolz darauf, diese neue künstlerische Version des Tarot zum ersten Mal präsentieren zu können. *Astrosophie* wird die gesamte Serie der großen und kleinen Arkana als Titelbilder in dieser Zeitschrift Monat für Monat abbilden.

Es ist so selten, in ein und derselben Person eine Künstlerin und Malerin zu finden, die mit einer solchen Subtilität und einem solchen Charme ausgestattet ist, einen feinen Zeichenstil hat und die harmonischen Farbnuancen beherrscht, während sie gleichzeitig eine ernsthafte und gelehrte Esoterikerin ist. Die Leser von *Astrosophie* wissen sehr gut, dass wir den Titel „Esoteriker" nicht leichtfertig vergeben. Christian Loring ist in ihren kabbalistischen Studien sehr weit fortgeschritten, und ich bin sicher, dass die großen Mysterien für sie kein Buch mit sieben Siegeln sind. Wir wissen, dass viele unserer Leser ihren wahren künstlerischen und okkulten Wert in den Bildern, die hier erscheinen werden, zu schätzen wissen werden.

Eine Interpretation jedes Arkanums wird auf den letzten beiden Seiten unserer Zeitschrift gegeben. Man kann vielleicht sagen, dass diese beiden monatlichen Seiten zusammen eine Einführungsstudie über das Tarot bilden, die einen großen Teil der Lehre vermittelt, die bisher nicht niedergeschrieben wurde und nur als mündliche Überlieferung existierte. Diese Interpretationen werden eine Zusammenfassung der umfassenderen Lektionen unseres umfangreichen Qabala-Kurses bieten. Wir empfehlen unseren Lesern, diese Ausgaben bis zum Ende der Reihe sorgfältig aufzubewahren.

Es wäre nicht fair, wenn ich den hohen Wert der Arbeit anderer Suchender, die in die gleiche Richtung gehen, ignorieren würde. Christian Loring hat sich bei vielen Änderungen von den Informationen inspirieren lassen, die Oswald Wirth in seinem Buch *Le Tarot des Imagiers du Moyen Age* (Das Tarot der mittelalterlichen

Magier) gegeben hat. Als Spezialistin für mittelalterliche Kunst hat sie das Tarot jedoch von diesem etwas starren, linkischen und primitiven Stil befreit.

Ein vollständiges modernes Tarot mit allen kleinen Arkana in Form von Bildern wurde von Miss (Pamela Coleman) Smith unter der Leitung von Mr. A. E. Waite in England mit dem Titel *A Pictorial Key to the Tarot* gemacht: Seine Details sind voller Reichtümer, weil Waite der bedeutendste und gelehrteste, literarischste und vielseitigste Okkultist des 19. Jahrhunderts ist; leider besitzt der Künstler nicht das heilige Feuer, und die Karten vermögen es nicht, spirituell zu erheben.

Es gibt auch ein deutsches Tarot, das nach ägyptischer Art hergestellt wurde, auf sehr kleinen Karten, die sich für die Weissagung eignen; aber wenn die großen Arkana nicht inspiriert sind, sollte man sich nicht damit aufhalten, und die kleinen Arkana folgen der Tradition von Figuren und geometrischen Symbolen.[1] Aber für diejenigen, die ihr Wissen auf einer höheren Ebene vertiefen wollen, bietet das *Tarot Médiéval* all die Lebendigkeit, die man bei der Weissagung sucht.

Die Karten des Tarot wurden von „Enel" in zwei Büchern mit all ihren magischen, kabbalistischen und zodiakalen Entsprechungen ausführlich und detailliert vorgestellt: *Trilogie de la Rota* (Trilogie des Rades) und *Manuel de Cabbale Practique* (Handbuch der praktischen Kabbala) ausführlichst vorgestellt und bieten uns die Grundlage für eine Synthese sowohl des kabbalistischen als auch des ägyptischen Systems. Das Studium dieser beiden Bücher ist für diejenigen, die ihr Tarotwissen vertiefen möchten, praktisch obligatorisch.[2]

Ein neueres Werk, *Le Tarot, les arcanes, la divination* von J. Maxwell, das auf dem Tarot de Marseille basiert, verwendet auf seinen Seiten viel Numerologie; dieses Buch enthält keine Bilder, aber es bietet eine sehr gute, prägnante Studie über die Symbolik. Eine genauere Studie über das Tarot wurde von Jean Gaston Bourgeat (1864–1919) in seinem Buch *Le Tarot, aperçu historique* (Tarot, Einblicke in die Geschichte) verfasst, aber der Autor ist kein Qabalist. Wer weiß, wie man die höchsten Wahrheiten aus den Werken von Eliphas Lévi extrahiert, wird sein Buch *Le Clef des Grands Mystères* (Der Schlüssel zu den großen Mysterien) nicht übersehen. Um schließlich auch unsere geschätzten französischen Vermittler nicht unerwähnt zu lassen, werden wir die beiden Bücher von Papus (Dr. Encausse) erwähnen: *Le Tarot des Bohémiens* und *Le Tarot Divinatoire*; und *La Synthèse du Tarot* von George Muchery, dem letzten unabhängigen Kartenleger.

Für diejenigen, die Englisch lesen, wurde ein wirklich wichtiges Buch zu diesem Thema von Dr. Thierens geschrieben: *A General Key to the Tarot*, in dem die Behandlung von Astrologie und Theosophie bewundernswert ist; dieses Buch zeichnet sich durch eine Unabhängigkeit des Denkens aus, verbunden mit einer profunden Kenntnis des Themas. Der größte Esoteriker unserer Zeit, Dion Fortune (1890–1946), bereitet derzeit ein Werk von großem Format über das Mystische Tarot vor.[3]

Diese kleine Bibliografie zeigt alle Bücher, die für ein Studium des Tarot notwendig sind, und es ist erstaunlich zu sehen, dass *Le Tarot Médiéval* von Christian Loring – für diese Systeme – das esoterischste und künstlerischste Tarot werden wird, weil es von einer Seele geschaffen wurde, die in die Mysterien eingetaucht ist. F.R.W

KAPITEL 1

DER INITIATIONSPFAD DER GROSSEN ARKANA

Die Form der großen Arkana im *TAROT MÉDIÉVAL*

Jeder Karteneintrag beginnt mit der Beschreibung der Karte und ihrer initiatorischen und mythischen Bedeutung. Darauf folgt eine Reihe symbolischer Entsprechungen, in denen der geometrische Körper oder die geometrische Form und der hebräische Buchstabe mit den numerologischen Assoziationen angegeben werden. Anschließend werden die esoterische und exoterische Astrologie sowie die Anforderungen für die Verwendung der Karte in einem magischen Ritual erläutert. Das Symbol auf der Karte ist weitgehend aus Curtis' Büchern *The Key to the Universe* und *The Key to Destiny* abgeleitet.

Der Leser wird feststellen, dass die Reihenfolge der großen Arkana der üblichen Mailänder Reihenfolge entspricht, an die wir uns inzwischen gewöhnt haben, mit einer bemerkenswerten Ausnahme: Die Position des Narren, der mit XXI nummeriert ist, liegt nun zwischen XX. Gericht und XXII. Die Welt. Dies ist darauf zurückzuführen, dass Rolt-Wheeler dem Muster von Oswald Wirth folgte, das auf der Reihenfolge von Éliphas Lévi basiert, dessen Abfolge der hebräischen Buchstaben der Autor hier befolgt.

Rolt-Wheeler sagt über den Narren:

„Eines der großen Rätsel bei der Nummerierung und Reihenfolge der großen Arkana ist die Frage, welchen Platz der Narr darin einnimmt: Er wird vielleicht mit der Null in Verbindung gebracht, aber auch mit der XXI oder, weniger begründet, mit der XXII. In unserer Interpretation des *Tarot Médiéval* folgen wir der esoterischen Linie und versuchen, die Bedeutungen der wahren Kabbala beizubehalten, die dieser Karte den Buchstaben Sin, den messianischen Buchstaben, den einundzwanzigsten Platz im heiligen Alphabet zuweist. Dies bestimmt die Reihenfolge dieser Karte in der Serie. Die Verwendung des Narren in der Position der Null ist nach einer anderen Tradition, die streng exoterisch ist, zulässig."

Mehr über den Hintergrund von *Tarot Médiéval* erfahren Sie in Kapitel 3. - CM

I DER MAGIER
Der Gaukler

SYMBOL: ein Punkt in einem Kreis

HEBRÄISCHER BUCHSTABE: א ALEF

Wir sehen einen jungen Mann, der die Menschheit „nach dem geistigen Ebenbild Gottes" darstellt. Er steht vor einem Tisch, auf dem drei Symbole liegen, während er das vierte in der Hand hält. Dies sind das Zepter oder der Stab, die dem Element Luft entsprechen, ebenfalls mit Kether an der Spitze des Lebensbaums. Das zweite ist ein zweischneidiges Schwert, das dem Feuer und der solaren Sphäre von Tiphareth entspricht. Das dritte ist ein Kelch oder Becher, der dem Wasser und der lunaren Sphäre von Jesod entspricht. Das vierte ist ein Schekel (Pentagramm oder Münze), der der Erde und der terrestrischen Sphäre von Malkuth entspricht. Diese Entsprechungen stellen jeweils die Koordination der hermetischen, kabbalistischen, alchemistischen und astrologischen Künste her. Die linke Hand des Magiers ist erhoben, was bedeutet, dass er seine Kraft von oben erhält; in dieser Hand hält er den Zauberstab. Die rechte Hand berührt den Schekel, das Emblem der Erde, Symbol der spirituellen Kraft, die sich in der Materie äußert.

INITIATORISCHE BEDEUTUNG:

Der Magier steht für die Menschheit, den Mikrokosmos, der den Makrokosmos widerspiegelt, den Schöpfermenschen, Adam Kadmon, den Demiurgen. Die unendlichen Möglichkeiten der Menschheit werden durch die Lemniskate (die liegende 8) über dem Kopf des Magiers symbolisiert; die Lemniskate ist die Grenze zwischen Zeit und Ewigkeit. Die vier Symbole Zepter, Schwert, Kelch und Schekel stehen jeweils für Intuition (spiritueller Körper), Vernunft (mentaler Körper), Emotionen (astraler Körper) und den physischen Körper des Menschen. Diese Karte wird zu Recht mit dem Arkanum XXI, dem Narren, in Verbindung gebracht, da der Anfang das Ende vorhersieht.

SYMBOLISCHE ENTSPRECHUNGEN:

Der Magier entspricht dem ersten Buchstaben des hebräischen Alphabets, Alef, einem der drei Mutterbuchstaben. Seine Form offenbart das hermetische Axiom „Wie oben, so unten", das in der Geste des Magiers wiederholt wird. In der okkulten Geometrie ist sein Symbol eine senkrechte Linie, die Säule, der Obelisk und phallische Objekte, auch als zwei schräge Linien, die einander gegenüberliegen, sich aber nie verbinden.

In der Numerologie ist seine Zahl 1. Wir sehen eine Person, zwei Ellipsen, drei Symbole auf dem Tisch, vier Elemente, fünf Seiten an der Basis des Kelches, was auf die erste magische Abfolge der fünf Tarotkarten hinweist.

In magischen Operationen wird er „der mächtige Magier" genannt. Die magische Waffe ist der Zauberstab. Die Farbe für Rituale ist gelb-orange. Das Parfüm ist weißes Sandelholz. Der Edelstein ist der orientalische Topas, der symbolische Stein ist der Achat. Das dazugehörige Tier ist der Adler. Der Baum ist die Palme.

PRAKTISCHE DIVINATION:

Aufrecht: Die wahre Bedeutung des Magiers ist Schöpfung und Wille. Außerdem schöpferische Kraft, Intelligenz, Aktivität, der gute Anfang einer Sache.

Ungünstig oder umgekehrt: Missbrauch von Autorität, Skandal, Zauberei, Pech und der schlechte Anfang einer Sache, auch Betrug, Täuschung.

II DIE HOHEPRIESTERIN
Päpstin *oder* Der weibliche Papst

SYMBOL: ein Punkt

HEBRÄISCHER BUCHSTABE: ב BET

Wir sehen eine Priesterin, die auf dem Mosaikpflaster im Tempel Salomons sitzt. Sie ist mit einer Tiara gekrönt, auf der ein Halbmond abgebildet ist. Auf ihren Knien liegt ein Buch, auf dem oft die Buchstaben T. R. für „Tora", die geheime Lehre Israels, oder Toth-Ra, die geheime Lehre Ägyptens, oder Rota, die geheime Lehre Asiens, und Tarot, die Initiationssynthese, stehen. Die Priesterin hält zwei Schlüssel in der Hand, einen eisernen und einen goldenen, die allgemein als Schlüssel der Hölle und des Himmels bezeichnet werden, aber in Wirklichkeit die Schlüssel der Materie und des Geistes sind. Die beiden Säulen Jachin und Boas, die die Prinzipien des Männlichen und Weiblichen, des Aktiven und des Empfangenden darstellen, die beiden Polaritäten, ohne die keine Manifestation möglich wäre.

INITIATORISCHE BEDEUTUNG:

Die Hohepriesterin steht für die Dualität, ebenso wie der Magier für die Einheit steht. Sie ist weiblich, weil die Schechina oder die Herrlichkeit Gottes weiblich ist. Die erste Manifestation, der erste göttliche Ausdruck, kann nur durch die beiden Polaritäten entstehen. Der katholische Kult der Jungfrau Maria zeigt, dass das Christentum das weibliche Element der spirituellen Esoterik anspricht.

SYMBOLISCHE ENTSPRECHUNGEN:

Die Hohepriesterin entspricht dem zweiten Buchstaben des hebräischen Alphabets, Bet, einem Doppelbuchstaben, dessen Hieroglyphenbedeutung „der Mund" oder „das Wort" ist, denn „im Anfang war das Wort, und das Wort war bei Gott, und das Wort war Gott".

In der okkulten Geometrie wird die Symbolik der Priesterin durch zwei parallele Linien dargestellt, die sich am Ende nie treffen, obwohl sie die Unendlichkeit berechnen. Die wahre Vereinigung von Männlichem und Weiblichem vervollständigt den spirituellen Plan. In der Numerologie ist die Zahl zwei, die die Polaritäten, Dualität, Schwingung und das Leben anzeigt, denn alles Leben besitzt einen schwingenden Charakter.

In der Magie wird sie „Priesterin der Sterne" genannt. Ihre magischen Werkzeuge sind Pfeil und Bogen der Diana. Die rituelle Farbe ist leuchtendes Blau. Ihr Parfüm ist Storax, der männliche Farn, und der Duft nächtlicher Wälder. Ihr Edelstein ist der Opal, in dem sich Sonnen- und Mondlicht vereinen; ihr symbolischer Stein ist der Chalcedon. Ihr Tier ist der heilige Ibis. Ihr symbolischer Baum ist die Mandel.

PRAKTISCHE DIVINATION:

Aufrecht: Inspiration ist die wahre Bedeutung der Priesterin, Weisheit, Treue, Ruhe, geistiger und spiritueller Reichtum. Auch Diskretion, spiritueller Rat, Studium.

Ungünstig oder umgekehrt: Passiver Widerstand, unbezahlte Arbeit, oberflächliche Rationalisierung, Liebe zum Luxus. Auch Geheimhaltung, falsche Offenbarung, spirituelle Leichtgläubigkeit.

III DIE HERRSCHERIN

Isis-Urania *die* kosmische Mutter

SYMBOL ein nach unten zeigendes Dreieck

HEBRÄISCHER BUCHSTABE ג GIMEL

Die Herrscherin steht für kreatives Denken, den Atem des Lebens, den Geist der Dreifaltigkeit und die spirituelle Mutter des Kosmos. Sie wird als geflügelte Königin dargestellt, die im Raum sitzt. Zwölf Tierkreissterne bilden einen Heiligenschein über ihrem Kopf. Ihre Füße stehen auf einer nach unten zeigenden Mondsichel. Oswald Wirth sagt: „Dies bestätigt ihre Herrschaft über die sublunare Welt oder alles, was sich ständig verändert und unaufhörlich wandelt." Ihr Wappentier ist der Falke des Horus, während ihr Zepter das Symbol zweier Polaritäten vereint. Die Lilie ist das Symbol der jungfräulichen Mutter, der Falke führt uns zu Isis und die zwölf Sterne zu Urania.

INITIATORISCHE BEDEUTUNG:

Die Herrscherin steht für die Verwirklichung schöpferischen Denkens durch die Kraft der mentalen Evokation; als Isis ist sie der Schlüssel zu den Mysterien der Zahlen und lenkt die spirituelle Evolution; als Isis-Urania ist sie das Universum, das Zeit und Raum miteinander verbindet; als kosmische Mutter symbolisiert sie die Vereinigung zweier Polaritäten in ihrer Mutterschaft, mit der Fähigkeit der Natur, Kinder zu gebären, und der Kraft der kosmobiologischen Evolution.

Auf einer höheren, initiatorischen Ebene steht die Herrscherin für die ausgleichende Kraft, die entsteht, wenn die Polaritäten harmonisiert werden. Als die Trinität des Absoluten, der Schechina und der Natur steht sie in Resonanz mit dem männlichen und dem weiblichen Aspiranten und der Harmonie des großen Werkes. Die spirituelle Entwicklung kann einen Mann oder eine Frau allein durch die Polarität erschaffen, aber eine initiatorische Arbeit braucht Harmonie, die nur möglich ist, wenn ein dritter Faktor die beiden Handelnden vereint.

SYMBOLISCHE ENTSPRECHUNGEN:

Die Herrscherin entspricht dem dritten Buchstaben des hebräischen Alphabets, „Gimel“, einem Doppelbuchstaben, der Aktivität vermittelt. Dieser Buchstabe drückt den Heiligen Geist im Sinne des Erneuerers der Natur, des Erneuerers des göttlichen Atems, der höchsten Aktivität in jeder Handlung aus.

In der esoterischen Geometrie ist das Symbol der Herrscherin ein gleichseitiges Dreieck mit der Spitze nach oben, was die göttliche Manifestation symbolisiert. Das Dreieck ist auch das Symbol der spirituellen Evolution, eine Form der dynamischen Evolutionsspirale. In der Numerologie steht die Zahl drei für die Dreifaltigkeit, die Vollkommenheit des göttlichen Ausdrucks.

In magischen Handlungen wird sie als „Tochter des Allmächtigen“ bezeichnet. Das magische Werkzeug ist der Gürtel. Die Farbe für Rituale ist Smaragdgrün, aber auch Schwarz. Das Parfüm ist Kampfer. Der Edelstein ist der Smaragd, der symbolische Stein ist der Türkis und der esoterische Stein ist der Sternsaphir. Das Tier ist der Himmelsvogel, der Falke. Der symbolische Baum ist der Haselbaum.

PRAKTISCHE DIVINATION:

Aufrecht: Die wahre Bedeutung der Herrscherin ist die Verwirklichung oder Manifestierung dessen, was im Inneren ist. Macht, Gesundheit, Erfüllung Ihrer Wünsche, Lösung von Schwierigkeiten. Auch Harmonie, Pflege und Natur.

Ungünstig oder umgekehrt: Unfruchtbarkeit, Krankheit, heimliche Handlungen, neue Ärgernisse, mangelnde Harmonie. Auch Abhängigkeit und übermäßige Fürsorge.

IV DER HERRSCHER

Der König *der* Welt • Der kubische Stein

SYMBOL: ein nach oben zeigendes Dreieck mit einem Kreuz darunter

HEBRÄISCHER BUCHSTABE: ד DALETH

Der Herrscher oder König der Welt, der Meister der Materialisierung, wird sitzend auf dem kubischen Stein dargestellt. Er ist der griechische Pluto und der Demiurg der Platoniker, der mit dem Jehovah der Kabbalisten, dem Herrn der sieben unteren Sephiroth der Schöpfung, in Resonanz steht. Das Zeichen des Sulfur, das ein Kreuz auf einem Dreieck ist, ist in der Haltung des Herrschers zu sehen, wobei sein Kopf und seine Arme oben ein Dreieck bilden, während seine gekreuzten Beine ein Kreuz bilden. In seiner linken Hand hält er einen Globus, der durch eine Halbkugel und zwei Viertelkugeln geteilt ist; der Globus wird von einem Kreuz der sechs Richtungen überragt, das die Einheit der Manifestation, die beiden Polaritäten, die vier Elemente und die sechs Richtungen des Raums symbolisiert. Sein Zepter trägt den Halbmond der Illusion, der in einer Raute endet, dem Symbol der positiven Manifestation, mit einem Kreuz, dem Symbol des Opfers, und einer Lilie, die die rezeptive Polarität anzeigt. Der kubische Stein, auf dem der Herrscher sitzt, steht für die rohe Materie, die durch den bewussten Willen geformt wurde. Der schwarze Adler auf dem Stein steht im Kontrast zum weißen Falken auf dem Schild der Herrscherin. Stilisierte Embleme der Sonne und des Mondes auf seiner Brust stehen für die Arbeit bei Tag und bei Nacht.

INITIATORISCHE BEDEUTUNG:

Dieses Arkanum deutet auf die Umwandlung der Triade in eine Quaternität oder den Übergang der Trinität in die Manifestation hin. Der Herrscher ist der Herr über alles Manifeste, der Herr der Materie; als König der Welt empfängt er die Kräfte aus den spirituellen Ebenen und wandelt sie für den Gebrauch auf der Erde um. In der Symbolik des kubischen Steins steht er für das Große Werk, den Großen Architekten des Universums und den erleuchteten Arbeiter, der durch seine Aufgabe Würde erlangt. Durch die Einwirkung des Geistes auf die Materie wird alle Materie wieder zu Geist.

SYMBOLISCHE ENTSPRECHUNGEN:

Der Herrscher entspricht dem vierten Buchstaben des hebräischen Alphabets: Daleth, ein Doppelbuchstabe, der eine Tür bedeutet und die doppelte Manifestation von Form und Prinzip durch ihre gegenseitigen Reaktionen auf der materiellen und spirituellen Ebene symbolisiert.

In der esoterischen Geometrie wird der Herrscher durch das Kreuz oder den auf Materie gekreuzigten Geist dargestellt; auch durch die Raute der verbundenen involutionären und evolutionären Dreiecke. In der Numerologie sehen wir, wie die Materie schließlich zur Einheit zurückkehrt. Die Triade hallt in der Quaternität wider und endet dort. Wenn wir auf diese Weise addieren: 1 + 2 + 3 + 4 = 10 und auch 1 = 0 = 1, berühren wir das Ende der einfachen Zahlen und schließlich das Absolute.

In magischen Operationen heißt es „der Anführer der Mächtigen". Das magische Werkzeug ist der Stichel (oder manchmal das Geodreieck). Die Farbe für Rituale ist Scharlachrot. Der Edelstein ist der Rubin. Das Tier ist der Widder.

PRAKTISCHE DIVINATION:

Aufrecht: Die wahre Bedeutung des Herrschers ist Autorität. Leistung, Wille, materieller Erfolg, physische Kraft. Auch Dynamik und Stabilität.

Ungünstig oder umgekehrt: Tyrannei, Rache. Auch Unflexibilität, Autoritarismus.

V DER HIEROPHANT

Der Initiator • Der Papst

SYMBOL: ein Pentagramm

HEBRÄISCHER BUCHSTABE: ה HE

Der Hierophant oder Initiator ist der Hüter der höchsten Geheimnisse, während er im mittelalterlichen Verständnis der Papst, der Patriarch von Rom, ist – einer von sieben Patriarchen des frühen Christentums, die noch heute existieren. Heute betrachten wir den Papst nicht als alleinigen Initiator des Christentums: Seit der Erfindung des Buchdrucks liegt die Bildung nicht mehr ausschließlich in den Händen der Kirche, und die Entwicklung der Spiritualität folgt vielen verschiedenen Wegen.

Der Hierophant oder Papst sitzt unter einem Bogen, dem Symbol des Glaubens. Die dreifache Tiara auf seinem Kopf weist auf die drei Vorrechte der kirchlichen Arbeit hin: 1. Die Kirche selbst mit ihren Riten und Zeremonien; 2. das intellektuelle Wissen mit der Theologie als Herrscherin der Wissenschaften; 3. das spirituelle Wissen. Seine rechte Hand ist zum Segen erhoben. In seiner linken Hand hält er ein Kreuz mit drei Balken, das seine Macht in den Welten von Jetzira, Briyah und Atzilut anzeigt, während die sieben Enden des Kreuzes seine weltliche Macht symbolisieren, die mit den sieben Sephiroth der Schöpfung, den sieben planetarischen Einflüssen, den sieben Noten der Tonleiter usw. in Einklang steht. Die beiden Neophyten oder Postulanten symbolisieren Glaube und Vernunft.

INITIATORISCHE BEDEUTUNG:

Dieses Arkanum weist auf die Quintessenz der Macht und die Umwandlung des Quartärs in das Quintär hin. Diese Umwandlung drückt sich wie folgt aus: Magier – ein Punkt in einem Kreis ohne Dimension; Priesterin – eine Dimension, die Wahrheit; Herrscherin – zwei Dimensionen, Manifestation; Herrscher – drei Dimensionen, Materie als Würfel; Hierophant – vier Dimensionen (drei Dimensionen des Raums und eine Dimension der Zeit). Dieses Mysterium ist in der Sphinx verschlüsselt, wo ihre Flügel spirituelles Lernen, ihre Stierflanken Handlungskraft, ihr menschlicher Kopf Wissen, ihre Löwentatzen die Fähigkeit, spirituelle Gelegenheiten zu ergreifen, und ihre Brüste den Dienst an der Menschheit und den spirituellen Willen symbolisieren.

SYMBOLISCHE ENTSPRECHUNGEN:

Der Hierophant entspricht dem fünften Buchstaben des hebräischen Alphabets: He, ein einzelner Buchstabe, und der inspirierende Atemzug im heiligen Namen Jud-He-Waw-He, der Atem Gottes auf den Wassern, der die demiurgische Schöpfung formt und in Adam den göttlichen Funken des Lebens überträgt.

In der Numerologie steht die Zahl fünf für Magie, d. h. die Kraft spiritueller Prozesse auf die Materie, die durch 1 + 4 dargestellt wird. Ein Verständnis der Natur kann uns zur Wahrnehmung Gottes führen, was durch 4 +1 angezeigt wird. Wenn die Dreifaltigkeit die Dualität besiegt, wird dies durch 3 + 2 angezeigt, aber wenn die Polaritäten für die Manifestation der Triade notwendig sind, können wir dies durch diese Spiegelungssumme von 2 + 3 demonstrieren.

In magischen Operationen ist der Name „Magier der Ewigkeit“. Das magische Werkzeug sind die Hörner. Die Farbe für Rituale ist leuchtendes Orange. Der Edelstein ist der Topas. Das Tier ist der geflügelte Stier.

PRAKTISCHE DIVINATION:

Aufrecht: Die wahre Bedeutung des Hierophanten ist Akzeptanz. Inspiration, Magie, Schutz, Güte, mystische Allianz. Auch Segen und Bildung.

Ungünstig oder umgekehrt: Empfänglich für schlechte Einflüsse, Unaufrichtigkeit, den Missbrauch von Autorität. Auch spirituelle Korruption oder Subversion.

VI DIE LIEBENDEN
Die zwei Pfade

SYMBOL: Solomons Siegel

HEBRÄISCHER BUCHSTABE: ו WAW

Die Liebenden steht für die Menschheit am Scheideweg zwischen materiellen und spirituellen Wegen oder dem linken und rechten Pfad. Wir sehen einen jungen Mann an einem Scheideweg; zu seiner Rechten steht eine edle Frau, eine Königin, die ihm anbietet, ihn auf dem königlichen Weg zu ihrem spirituellen Reich zu führen. Zu seiner Linken sehen wir eine kühne Bacchantin, die versucht, den jungen Mann zu umarmen. Über ihnen schwebt der Engel der Vergeltung, bereit, seinen Pfeil zu verschießen, wenn der Mann seinen freien Willen missbraucht, um dem Weg der Lust oder der Nachlässigkeit zu folgen. Im Mittelalter wurde dieses Arkanum oft als eine Wahl zwischen ehelicher Liebe und ausschweifenden Beziehungen interpretiert, aber hier betonen wir die Wahl der göttlichen Liebe und den Untergang unserer Seele.

INITIATORISCHE BEDEUTUNG:

Die Hauptbedeutung ist der freie Wille. Wir können die eigene Wahl treffen, sei es zwischen ehelicher Liebe oder einer Affäre, Arbeit oder Faulheit, Pflicht oder Nachlässigkeit. Die Entscheidung, Verantwortung für unser Handeln zu übernehmen oder abzulehnen, liegt bei uns. Die pflichtbewusste Königin steht hier im Gegensatz zur wollüstigen Frau, um die Wahl zwischen einem ehrenhaften Weg der Inspiration und des Altruismus oder einem unehrenhaften Weg der Frivolität und des Egoismus darzustellen. In der esoterischen Lehre wird Liebe als Inkarnation einer Seele bei der Geburt des ersehnten Kindes dargestellt, in der magnetischen Polarität der Geschlechter, die für die menschliche Harmonie unerlässlich ist, in der rein spirituellen Verbindung zwischen zwei Menschen sowie in der Beziehung zu einem Führer auf den höheren Ebenen.

SYMBOLISCHE ENTSPRECHUNGEN:

Die Liebenden entsprechen dem sechsten Buchstaben des hebräischen

Alphabets: Waw, einer der Buchstaben des Tetragrammatons. Waw ist ein tiefes Mysterium, da es die Brücke zwischen Sein und Nichtsein, zwischen dem Prinzip des Lebens und dem Leben selbst ist, sowohl verbindend als auch trennend. Waw bedeutet „ein Auge", das mit dem dritten Auge oder der Zirbeldrüse in Verbindung gebracht wird, und seine Interpretation ist „Wahl".

In der esoterischen Geometrie wird dieses Arkanum durch einen Stern mit sechs Zacken symbolisiert, der aus zwei ineinander verschlungenen gleichseitigen Dreiecken besteht. Das Dreieck mit der Spitze nach oben deutet auf die geistige Welt hin; das Dreieck mit der Spitze nach unten deutet auf die materielle Welt hin. Ohne einen Punkt in der Mitte steht es für die Wahl und die Schwierigkeit, materielle und geistige Prinzipien zu entwirren.

In der Numerologie zeigt sich die Zahl 6 als die Wahl zwischen zwei Trinitäten: 3 + 3 = 6; als die Polarität der Geschlechter, die von der Trinität gesegnet werden: 3 x 2 = 6; und als die Geschlechter auf einer rein materiellen Basis: 2 + 4 = 6. Sechs ist die Zahl des Würfels mit sechs Seiten, aber wenn diese verlängert werden, bildet er das Kreuz des Opfers.

In magischen Anwendungen ist der Name seines Arkanum das „Orakel der zwei mächtigen Götter". Die Farbe ist Gelb. Der Edelstein ist der Alexandrit. Der Vogel ist die Elster.

PRAKTISCHE DIVINATION:

Aufrecht: Die wahre Bedeutung der Liebenden ist Wahl oder freier Wille. Diskriminierung, Prüfungen, Liebe, Hingabe. Auch gegenseitige Liebe.

Ungünstig oder umgekehrt: Schlechte Entscheidungen, Untreue, Unentschlossenheit, moralischer Verfall. Auch Schwanken, Ambivalenz.

VII DER WAGEN

Der Wagen *des* David

SYMBOL: Lothringerkreuz

HEBRÄISCHER BUCHSTABE: ז SAJIN

Der Wagen symbolisiert den Sieg des Menschen über die materiellen Lebensbedingungen, eine getroffene Entscheidung, einen gewonnenen Kampf, eine erlangte Gelassenheit. Ein junger Mann, gekrönt, mit einem Brustpanzer bekleidet und ein Zepter tragend, steht aufrecht in einem Triumphwagen, der von zwei temperamentvollen Pferden gezogen wird: eines weiß, das andere schwarz. Der Wagen ist kubisch, was auf die Materie hinweist, aber der Baldachin darüber hat einen Stern, was darauf hindeutet, dass der Himmel demjenigen hilft, der aus eigenem Antrieb handelt. Auf der Vorderseite des Wagens befindet sich eine geflügelte Weltkugel über einem Kreisel, eines der Symbole für Polarität. Wir sehen, dass das schwarze Pferd stur und ungestüm ist, was auf Ungeduld hindeutet, während das weiße Pferd seine Pflicht beharrlich erfüllt.

INITIATORISCHE BEDEUTUNG

Der Wagen zeigt den materiellen Sieg, zu dem der pflichtbewusste Initiierte vom Schicksal geführt wird; er ist auch der Wagen Davids, ein hebräischer Name für den Großen Bären oder das Sternbild der sieben Sterne, das uns zum Polarstern führt. Dies entspricht den sieben Rishis der hinduistischen Mythologie oder den sieben Elohim der Schöpfung. Der Held des Wagens ist weder ein Asket noch ein Heiliger, sondern ein Mann, der die Sphäre, in der er seine täglichen Pflichten erfüllt, erobert.

SYMBOLISCHE ENTSPRECHUNGEN

Der Wagen entspricht dem siebten Buchstaben des hebräischen Alphabets Sajin, dessen Zeichen das Schwert und das Zepter darstellt. In der kabbalistischen Tradition ist die Sieben auf das Wort eingestimmt, insbesondere in der Schöpfung, wobei die Schöpfung eine spirituelle Handlung auf die Urmaterie ist.

In der esoterischen Geometrie ist das wichtigste Symbol das Dreieck auf einem Quadrat oder die Pyramide auf einem Würfel, ein Hinweis darauf, dass für diejenigen, die auf der Erde leben, die Manifestation ein Mittel ist, mit dem wir göttliche Wahrheiten verstehen.

In der Numerologie ist die Sieben die vollkommene und unteilbare Zahl, die materielle Vollkommenheit, die permanente Verbindung zwischen der höchsten Macht und ihrer Manifestation. In der Sieben führt uns die göttliche 3 zur materiellen 4 und die materielle 4 führt uns zur göttlichen 3. Es gibt keine Gleichheit zwischen ihnen, die uns in den Dualismus führen würde.

In magischen Operationen wird dieses Arkanum „Herr des Triumphs und des Lichts“ genannt. In spiritueller Hinsicht ist der Stein, der es begleitet, der Smaragd, und in materieller Hinsicht ist es der Bernstein. Die Farbe für Rituale ist Bernstein oder seltener Grün. Das magische Gerät ist der Ofen oder das Feuer. Das Geschöpf ist die Schildkröte.

PRAKTISCHE DIVINATION:

Aufrecht: Die wahre Bedeutung des Wagens ist Sieg, oder genauer gesagt, Sieg über sich selbst. Auch Triumph, Erfolg, Ehre, Erfüllung von Wünschen.

Ungünstig oder umgekehrt: Reue, ein unaufhörlicher Kampf, Verlust eines Rechtsstreits, Scham und ein Sklave schlechter Gewohnheiten. Auch mangelnde Kontrolle und Selbstüberschätzung.

VIII GERECHTIGKEIT

Das Schwert *und* Waage • Themis

SYMBOL: Siegel Salomons: zwei ineinander verschlungene Dreiecke

HEBRÄISCHER BUCHSTABE: ח CHETH

Zwischen dem materiellen Sieg des Wagens und dem spirituellen Sieg des Eremiten steht Gerechtigkeit für das göttliche Gleichgewicht zwischen den beiden Welten: ein Gleichgewicht, das dynamisch und nicht statisch ist, weil alles Leben in Schwingung ist. Die Waagen symbolisieren Unparteilichkeit, und das Schwert steht sowohl für Strenge als auch für Schutz. Wir sehen eine Frau von schöner Präsenz, die auf einem Thron sitzt. Auf ihrem Kopf trägt sie eine eiserne Krone mit acht Lilien, dem Emblem der Gerechtigkeit. In ihrer linken Hand hält sie die Waage, deren beide Schalen gleich sind. In ihrer rechten Hand hält sie ein großes Schwert, dessen Spitze erhoben ist, bereit, jeden zu schlagen, der auf Kosten eines anderen spirituellen Fortschritt sucht. Das Schwert der Gerechtigkeit ist erhoben, um die Unschuldigen zu schützen, gehalten vom Arm der Barmherzigkeit.

INITIATORISCHE BEDEUTUNG:

Die einführende Lehre basiert auf Autorität und Ordnung, im Gegensatz zum Chaos der Anarchie und Unordnung. Die Aufgabe der Gerechtigkeit besteht darin, die Anarchie auf der Erde zu zerschlagen und Gottlosigkeit oder Widerstand gegen spirituelle Kräfte zu bestrafen; außerdem soll sie nicht nur die Persönlichkeit oder den äußeren Charakter eines Menschen, sondern auch die Individualität des inneren Charakters abwägen. Wir alle müssen den Wächter an den Schwellen überwinden, bevor die Gerechtigkeit dem Kandidaten erlaubt, zum neunten Arkanum überzugehen.

SYMBOLISCHE ENTSPRECHUNGEN:

Gerechtigkeit entspricht dem achten Buchstaben des hebräischen Alphabets, Cheth, dessen Hieroglyphenbedeutung ein Zaun ist oder das Weizenfeld bezeichnet. Diese beiden Bedeutungen zeigen, dass, wer nicht arbeitet, nicht mit einer Ernte rechnen kann. Der Kabbalismus lehrt, dass das erste Gebot Gottes an die Menschheit die Aufforderung zur Arbeit ist; Faulheit ist Gotteslästerung und Lügen ist sowohl eine persönliche als auch eine gesellschaftliche Schande.

In der esoterischen Geometrie finden wir zwei Formen: das Achteck und die zwei Quadrate. Das Achteck steht für Harmonie, das Hauptziel der Gerechtigkeit. Zwei gleich große Quadrate übereinander ergeben einen Stern mit acht Spitzen, der die Autorität der Sonne symbolisiert. Ein Quadrat, das diagonal in ein anderes Quadrat gelegt wird, zeigt die beiden Welten an: Das Quadrat ist die materielle und die Raute die spirituelle Welt, die von den vier Regenten der vier Himmelsrichtungen bewacht wird, die durch vier rechtshändige Dreiecke symbolisiert werden.

In der Numerologie ist 8 der Kubus von 2: 2 x 2 x 2, oder die Polaritäten, die im Sinne der göttlichen Gerechtigkeit ausgedrückt werden. Die Gnostiker gaben diese Zahl dem Pleroma oder der Fülle des Himmels.

In magischen Operationen wird dieses Arkanum „Tochter der Herren der Wahrheit" genannt. Die Farbe ist ein grünliches Gelb. Das magische Objekt ist die rituelle Feuerprobe. Die symbolischen Geschöpfe sind die Sphinx und die Schildkröte.

PRAKTISCHE DIVINATION:

Aufrecht: Die wahre Bedeutung von Gerechtigkeit ist Beurteilung oder genauer gesagt, die Abwägung von Verhältnissen. Auch Belohnung, Wahrheit, eine neue Chance, Zufriedenheit, Harmonie, Wiederherstellung.

Ungünstig oder umgekehrt: Verluste, Skandale, Disharmonie, Enttäuschung. Auch Ungerechtigkeit, Vorurteile, Verfolgung.

IX DER EREMIT

Die verschleierte Lampe • Der weise Mann

SYMBOL: ein gleicharmiges Kreuz

HEBRÄISCHER BUCHSTABE: ט TET

Dies ist die Karte des spirituellen Sieges und der Initiation. Nicht der Mann von Welt trägt hier das Licht, sondern der einsame Weise. Wir sehen einen alten Mann, der mit einem Stock geht, aber mit Kraft und Würde. Bekleidet mit dem weiten und schlichten Mantel des Philosophen, hält er in seiner rechten Hand eine sechseckige Lampe, die horizontal durch vier Balken unterteilt ist und dreißig Lichtquadrate bildet, die zusammen mit den Sechsecken darüber und darunter die zweiunddreißig Pfade der Weisheit symbolisieren. Mit dieser Lampe erleuchtet er seinen eigenen Weg und beleuchtet gleichermaßen den Weg derer, die sich zu seiner Linken befinden, aber ein Faltenwurf seines Umhangs verbirgt die Lampe vor denen, die nicht bereit sind, sie zu empfangen, oder die dem Weg nicht folgen. Er hält einen Stock mit sieben Knoten, die zusammen mit dem Griff und der Spitze neun ergeben, was spirituelle Vollkommenheit symbolisiert.

INITIATORISCHE BEDEUTUNG:

Die Hauptbedeutung dieser Karte ist die Initiation. Ein Eingeweihter benötigt drei Dinge: ein theoretisches Wissen über die spirituelle Evolution; über die Rolle, die die Menschheit in dieser Evolution spielt; ein praktisches Wissen über esoterische Prinzipien mit der Fähigkeit, auf den spirituellen Ebenen zu reisen. Dies ist die Aufgabe eines Eingeweihten, dessen wahre Rolle die des Lehrers ist, so wie die Rolle eines wahren Priesters die des Vermittlers ist.

SYMBOLISCHE ENTSPRECHUNGEN:

Der Eremit steht im Einklang mit dem neunten Buchstaben des hebräischen Alphabets, Tet, was „Dach“ bedeutet. Diese Zahl entspricht der zentralen Kraft der sieben Chakren des Ostens.

In der esoterischen Geometrie stellen wir fest, dass diese neunte Zahl nicht zur Materie gehört. Keine Substanz kristallisiert zu einem Festkörper mit neun Facetten, daher gibt es in der Geometrie keine symmetrische Form mit neun Flächen. Wir müssen drei Dreiecke 3 x 3 nehmen, wobei die Form eines gleichseitigen Dreiecks mit einem Punkt in der Mitte und seinen Linien, die die Mitte verbinden, ein W bilden.

In der Numerologie erfordert die 9 eine ganz eigene Studie. In der Arithmetik ist sie die Kontrollzahl, die durch neun teilbar ist. Sie beendet die Zahlenreihe, da mit der 10 ein neuer Zyklus beginnt. In der Symbolik ist sie das Quadrat von drei und die höchste Lehre.

In der esoterischen Astrologie wird dieses Arkanum mit dem Zeichen des Löwen und der Sonne in Verbindung gebracht. In der Esoterik ist die Sonne der Verteiler des spirituellen Lebens, was genau der Rolle des Eingeweihten entspricht.

In magischen Operationen wird dieses Arkanum „der Prophet der Ewigkeit“ genannt; und auch „der Magier des Wortes der Macht“. Die Farbe für Rituale ist ein klares Gelbgrün. Das magische Objekt ist die Lampe. Das Tier ist die Antilope.

PRAKTISCHE DIVINATION:

Aufrecht: Die wahre Bedeutung ist Initiation, Akzeptanz, spiritueller Sieg. Ein entscheidender Erfolg, materielle Verluste, Ausgrenzung, Einsamkeit.

Ungünstig oder umgekehrt: Schwäche, ein Sündenfall, Verurteilung, ein klösterliches Leben. Auch Depression, Askese, Hindernisse und Verzögerung.

X DAS RAD des SCHICKSALS

Das Rad *des* Lebens • Die Sphinx

SYMBOL: ein runder Punkt

HEBRÄISCHER BUCHSTABE: י JUD

Dieses Arkanum zeigt ein Rad mit zwei Felgen, die für den Trubel des Lebens stehen. Die acht Speichen des Rades bilden ein materielles Kreuz mit gleichen Armen und ein spirituelles Kreuz in Form eines Andreaskreuzes. Diese beiden Kräfte, die zusammen 8 ergeben, kommen im Arkanum VIII ins Gleichgewicht. Zwei Figuren halten sich am Rand des Rades fest: Auf der aufsteigenden Seite sehen wir Hermanubis, der Geburt und Wiedergeburt, Erfahrung und Prüfungen darstellt; er trägt den Caduceus der Weisheit und Heilung; auf der absteigenden Seite sehen wir Typhon oder Set, der Tod, Zerstörung, Zusammenbruch und Winter darstellt. Darüber sehen wir die Sphinx, regungslos, mit dem Schwert in der Hand, die das Schicksal verkörpert. Das Rad dreht sich unaufhörlich und steht für den freien Willen, denn die Menschen versuchen, sich mit Hermanubis zu erheben oder mit Typhon hinabzusteigen. Das Rad schwimmt auf dem Ozean des Chaos, gestützt von einer doppelten Mondsichel, dem Symbol des Krebses.

INITIATORISCHE BEDEUTUNG:

Dieses Arkanum leitet eine neue Zahlenreihe mit einer neuen Ideenordnung ein. Die ersten neun Arkana berühren das Innenleben des Neophyten; die neun folgenden Arkana offenbaren das aktive Leben des Initiierten. (siehe S. 172) Sobald die Initiation empfangen wurde, ist das Gesetz unantastbar: „Wer nichts gibt, erhält nichts mehr."

SYMBOLISCHE ENTSPRECHUNGEN:

Die tiefste Lehre dieses Arkanums ist mit den zehn Sephiroth oder göttlichen Emanationen verbunden, die die kontinuierliche Erschaffung der Welten lenken. Es bedarf eines langjährigen Studiums, um diese Lehre zu verstehen und auf esoterische Weise anzuwenden. Das Rad des Schicksals entspricht dem Buchstaben Jud, dem zehnten Buchstaben des hebräischen Alphabets, Symbol des Lebenskeims. Dieser Buchstabe ist die architektonische Grundlage für alle Buchstaben des heiligen Alphabets und die erste Manifestation des Wortes.

In der esoterischen Geometrie ist das Symbol das von Yin-Yang oder der Kreis, der durch eine Spirallinie in zwei Teile geteilt wird, einen weißen und einen schwarzen, mit einem Punkt der entgegengesetzten Farbe in den gegenüberliegenden Seiten. Diese doppelte Kurve wird durch 5 x 2 dargestellt, da die gekrümmte Spirale = 5 ist. Die Yin-Yang-Symbolik ist eine lebendige Polarität und wird als Symbol der Reinkarnation verwendet. In der esoterischen Numerologie ist die 10 der Beginn eines Zyklus sowie die Rückkehr zur Einheit oder 1 + 0 = 1.

In der exoterischen Astrologie entspricht dieses Arkanum dem Steinbock, der von Saturn, Set oder dem Winter beherrscht wird. In der esoterischen Astrologie ist es die Jungfrau, die Rose von Sharon, „die Tochter, die ganz innen schön ist“, und in einem messianischen Sinne die Schechina. In magischen Handlungen wird dieses Arkanum „der Herr der Lebenskräfte“ genannt. Die Farbe für Rituale ist Violett. Das magische Objekt ist das Zepter oder der Zauberstab. Der Weihrauch ist Safran. Das Tier, das dieser Karte zugeordnet wird, ist die geflügelte Sphinx.

PRAKTISCHE DIVINATION:

Aufrecht: Die wahre Bedeutung dieses Arkanums ist Verantwortung, Karma, Schicksal, Glück, Veränderung, Aktivität, die Notwendigkeit, entschlossen zu handeln.

Ungünstig oder umgekehrt: Zusammenbruch, Fall, Pech, Unglück, von den Umständen erschüttert

XI KRAFT

Der gezähmte Löwe • Der Löwe mit Maulkorb

SYMBOL: ein Siegel des Solomon

HEBRÄISCHER BUCHSTABE: כ KAF

Dieses Arkanum ist das erste einer Reihe über die Handlungen des Initiierten gegenüber anderen und zeigt deutlich, dass die mächtigste Kraft, die auf andere wirkt, die des moralischen Einflusses ist.

Die Symbolik dieses Arkanums zeigt eine gekrönte Königin, die mit der Lemniskate der spirituellen Macht über ihrem Kopf die Kiefer eines wilden Löwen auseinanderhält. Die Geste wird ohne sichtbare Kraftanstrengung ausgeführt, mit einer moralischen Macht, die ohne Zeremoniell ist.

INITIATORISCHE BEDEUTUNG:

Laut der esoterischen Lehre wirkt in der Gesellschaft eine moralische Kraft, für die jeder Mensch selbst verantwortlich ist. Das Leben eines Eingeweihten wird mit einer konzentrierteren Moral gelebt, mit Verpflichtungen gegenüber der unsichtbaren Bruderschaft, der er oder sie angehört. Indem Sie Ihre eigene Entwicklung mit Ihrem Fortschritt innerhalb der Ordnung und Disziplin der unsichtbaren Bruderschaft verbinden, mit Ihrem Fortschritt unter der Inspiration von Wesen einer höheren Ebene, werden Sie Teil einer goldenen Kette, die Ihre Seele mit der göttlichen Seele verbindet, die aus einer Reihe von Initiationskollegen in esoterischen Orden und Hierarchien besteht, sogar bis in die himmlischen Sphären. Alle Mitglieder dieser Kette müssen die Moral aufrechterhalten, damit die gesamte Gruppe nicht in Verfall gerät.

SYMBOLISCHE ENTSPRECHUNGEN:

Kraft entspricht Kaf, dem elften Buchstaben des hebräischen Alphabets, dessen Hieroglyphenbedeutung eine Hand ist, die eine andere Hand ergreift. Dieses Symbol, „die Hand, die die Hand Gottes hält“, ist ein häufiges Symbol in esoterischen Orden. In der esoterischen Geometrie ist das Symbol ein Stern mit fünf Zacken, der sich im zentralen Sechseck befindet, das von einem Stern mit sechs Zacken oder dem Siegel Salomons gebildet wird. Die Vereinigung dieser beiden Sterne ist eigentlich das Symbol der magischen Kraft eines Initiationsordens und darf nicht von einem einzelnen Initiierten verwendet werden. Es steht auch für die Schalttage oder die elf Tage, die ein Mondjahr mit 354 Tagen von einem Sonnenjahr mit 365 Tagen unterscheiden.

In der esoterischen Numerologie steht die Zahl XI für die Kurve einer Spirale, den Neubeginn von Einheiten im göttlichen Plan. Diese Zahl hat insbesondere in ihren Vielfachen einen initiatischen Charakter: 22 sind die großen Arkana des Tarot, 33 der höchste Grad in der Freimaurerei, 44 die mystische gnostische Zahl, 77 „die Vollkommenheit der Vollkommenheiten", 99 die Namen Allahs.

In der exoterischen Astrologie entspricht das elfte Arkanum dem Wassermann, der von Uranus regiert wird, der Oktave der Sonne, dem Planeten, der über okkulte Ordnungen herrscht. In der esoterischen Astrologie entspricht Kraft dem Planeten Mars in seiner weiblichen Form und der Schwert-Königin.

In magischen Operationen wird dieses Arkanum „die Tochter der Herren der Wahrheit" genannt, denn nichts ist stärker als die Wahrheit. Die Farbe für Rituale ist Smaragdgrün. Das magische Objekt ist das gleicharmige Kreuz. Der Weihrauch besteht aus Galbanum und Nelken. Das Tier ist der Elefant.

PRAKTISCHE DIVINATION:

Aufrecht: Die wahre Bedeutung dieses Arkanums ist moralische Kraft oder einfach Kraft. Auch Mut, Gelassenheit, Autorität, Selbstbeherrschung.

Ungünstig oder umgekehrt: Untreue, Prahlerei, Grausamkeit, Machtmissbrauch. Auch Schwäche, Selbstsabotage und Manipulation.

XII DER GEHÄNGTE

Opfer • Erlösung

SYMBOL: ein nach unten gerichtetes gleichseitiges Dreieck, das von einem Kreuz überragt wird

HEBRÄISCHER BUCHSTABE: ל LAMED.

Wir sehen einen Balken, der zwischen zwei Baumstämmen mit jeweils sechs Knoten aufgehängt ist und einen Galgen bildet, an dem ein junger Mann an seinem linken Fuß hängt. Er leidet, aber er akzeptiert es auch. Unter jedem Arm befindet sich ein Geldsack, aus dem ständig Münzen fallen. Sein rechtes Bein ist unter dem anderen gekreuzt, und mit seinen beiden ausgestreckten Ellbogen ergibt sich die Form des Siegels Salomons mit seinen zwei ineinander verschlungenen Dreiecken. Die Zeichnung enthält auch das Symbol für die Vollendung des Großen Werks: ein gleichseitiges Dreieck mit der Spitze nach unten, überragt von einem kleinen Kreuz.

INITIATORISCHE BEDEUTUNG:

Wie im Mythos von Ödipus oder Christus muss der Initiierte sich selbst opfern, nicht nur in irdischen Angelegenheiten, indem er seine angehäuften Schätze aufgibt, sondern auch das Gold der Weisheit und das Silber der guten Taten, die auf andere ausgegossen werden; selbst wenn unser Körper bewegungsunfähig ist, ist unser Geist noch frei. In der Geschichte von Herkules werden zwölf Arbeiten vollbracht, aber am Ende wird er zum Gefangenen; wie Prometheus holt er Feuer vom Himmel, um es der Menschheit zu nutzen, nur um dann an einen Felsen gekettet und gequält zu werden. Wir sehen die Umwandlung des Bösen in das Gute in diesem Arkanum.

SYMBOLISCHE ENTSPRECHUNGEN:

Der Gehängte entspricht dem zwölften Buchstaben des hebräischen Alphabets, Lamed, einem einzelnen Buchstaben, der „ein Arm" oder ein Ochsenziemer bedeutet und die Handlung des Gebets veranschaulicht.

In der esoterischen Geometrie haben wir einen Tierkreis, auf dem vier Dreifachkräfte liegen: Erde, Wasser, Feuer und Luft bilden ein doppeltes Siegel Salomons. Als geometrischer Körper ist es ein Dodekaeder, eine Grundform im Kristallisationsprozess.

In der Numerologie zeigt uns dieses Arkanum eine Form, zwei Geldsäcke, das Dreieck der Macht, vier Farben, fünf Geldstücke, sechs Punkte des Siegels Salomons, sieben Punkte auf dem Dreieck und dem Kreuz, für die Vollendung des Großen Werks, acht Haarsträhnen, neun, die die Einweihung von 6 + 3 darstellen, zehn Gold- und Silbermünzen und zwölf Knoten auf den Bäumen, die die Tierkreiszeichen symbolisieren.

In der esoterischen Astrologie wird das Arkanum XII mit den Fischen in Verbindung gebracht, dem mystischen Zeichen des Opfers. In der exoterischen Astrologie wird es der Waage zugeordnet, dem Gleichgewichtspunkt zwischen Vernunft und Glauben.

In magischen Praktiken wird dieses Arkanum „der Geist der Wasserkräfte“ oder „derjenige, der zwischen Himmel und Erde schwebt“ genannt. Die Farbe für Rituale ist ein dunkles Blau. Das magische Werkzeug ist der Kelch des Schmerzes. Der Weihrauch ist Myrrhe. Die dieser Karte zugeschriebenen Tiere sind normalerweise zusammen zu finden: der Adler und die Schlange, während die Pflanze der Lotus ist.

PRAKTISCHE DIVINATION:

Aufrecht: Die Hauptbedeutung dieser Karte ist Opfer. Außerdem: Reflexion, Wille, Hingabe, Nächstenliebe, Prophezeiung, Gebet.

Ungünstig oder umgekehrt: Nutzloses Opfer, unerwiderte Liebe, Schande, Reue und Exil.

XIII TOD

Das Skelett *mit der* Sense

SYMBOL: Saturn

HEBRÄISCHER BUCHSTABE: מ MEM.

Tod wird im Tarot nicht benannt, so wie der Narr normalerweise keine Nummer hat. Wir sehen ein Skelett mit einer Sense, das das Feld mäht.

Zwischen dem umgefallenen Getreide liegen menschliche Köpfe, einer davon mit Krone, denn weder Reichtum noch Rang zählen unter der Sense des Sensenmannes. Hinter dem Skelett sehen wir Hände und Füße, die auf der Erde verstreut sind. Jede Hand macht eine Geste der Freundschaft oder des Segens, mit Ausnahme einer nach unten greifenden Hand. Wo der Tod bereits zugeschlagen hat, erweckt er Hände zum Leben, die bereit sind zu dienen und zu segnen, und Füße, die bereit sind zu rennen und zu helfen.

INITIATORISCHE BEDEUTUNG:

Das Überleben nach dem Tod war schon immer eine Doktrin unter Initiierten. Die Vorstellung, dass dieses sterbliche Leben das Ende von allem ist, findet sich nur bei den atheistischen griechischen Sophisten und den rationalistischen „Wissenschaftlern“. Das Leben nach dem Tod ist nicht unbedingt eine Rückkehr auf diese Erde. Das Leben der Menschheit auf der Erde ist nur eine Etappe in einer langen Reihe von Leben, die der göttliche Funke während des involutionären Zyklus durchläuft, um den materiellen Körper wieder zu vergeistigen. Jeder seiner Zyklen ist nur eine Etappe in der spirituellen Evolution des Kosmos.

SYMBOLISCHE ENTSPRECHUNGEN:

Der Tod ist nichts anderes als eine Tür zum Jenseits oder eine Tür zur Wiedergeburt. Das dreizehnte Arkanum ist mit dem hebräischen Buchstaben Mem verbunden, der „die Mutter“ oder „Geburt“ und auch „das Meer“ bedeutet. Mem ist einer von drei Mutterbuchstaben.

In der esoterischen Geometrie ist die 13 der Tierkreis, mit der Erde im Zentrum, die auch als „der leidende Planet" bekannt ist, weil sie die härtesten Prüfungen in Bezug auf Arbeit und Opfer auf sich nimmt.

In der Numerologie wird die „Anziehungskraft der Schwarzen Magie" durch die Form 4 + 5 + 4 = 13 symbolisiert, die nicht unklug verwendet werden darf, da sonst Böses geschehen wird. Wir bemerken auch die dreizehn Mondmonate in einem Jahr mit zwölf Sonnenmonaten und die dritte Hierarchie der Qlippoth oder dunklen Mächte, die den Baum des Lebens widerspiegeln.

In der exoterischen Astrologie wird der Tod mit dem Planeten Saturn oder Kronos in Verbindung gebracht, der immer mit einer Sense dargestellt wird. Saturn ist der Richter der Lebenden und der Toten; er ist auch „die Brücke, die den Abgrund der Schatten überquert". In der esoterischen Astrologie ist dieses Arkanum auf die Wasser-Triade abgestimmt, die unterbewusste Ebene der Persönlichkeit wird von Krebs und dem Mond beherrscht.

In magischen Handlungen wird diese Karte „der Herr des Tores des Todes" und auch „das Kind der Großen Wandler" genannt. Die Farbe für Rituale ist ein grünliches Metallic-Blau, das Verderbnis symbolisiert. Das magische Objekt ist die Lanzette und ein Flegel mit Flammen. Der Weihrauch ist Opoponax mit einigen Schwefelkörnern. Die dieser Karte zugeschriebenen Kreaturen sind der Käfer, der Skorpion und der Flusskrebs; die Pflanze ist der Kaktus.

PRAKTISCHE DIVINATION:

Aufrecht: Die Bedeutung dieses Arkanums ist Tod oder das Ende von etwas, Transmutation, Desillusionierung, Entdeckung, das Ende, Trennung, Agonie.

Ungünstig oder umgekehrt: Tatsächlicher Tod, Katastrophe, ein Nekromant. Auch Stagnation, Widerstand gegen Enden oder Abschlüsse.

XIV MÄSSIGKEIT
Die zwei Krüge

SYMBOL: Wassermann – zwei Wellenreihen

HEBRÄISCHER BUCHSTABE: נ NUN

Uns wird ein Engel gezeigt, der das Lustrationswasser der irdischen Erfahrung aus dem silbernen Mondgefäß, das die Persönlichkeit oder das sterbliche Leben darstellt, in die goldene Sonnenurne der Individualität oder der unsterblichen Seele gießt. Im hermetischen Symbolismus stellt dies den Kreislauf der universellen Energie dar. Es ist auch das Symbol der Heilung in der spirituellen Therapie.

INITIATORISCHE BEDEUTUNG:

Diese Karte zeigt die Übertragung des sterblichen Lebens der Individualität, jenes Teils von uns, der uns mit unserer Kette von Leben verbindet. Der geweihte Wein des Sakraments, das lebendige göttliche Wasser und der vergessliche Trunk des Flusses Lethe sind alle in diesem Symbol zu finden. Während diese Karte immer Mäßigkeit oder Zurückhaltung bedeutet, hat sie nichts mit Askese zu tun. Mäßigkeit bedeutet ein echtes Gleichgewicht zwischen geistigen und materiellen Dingen. Wir könnten uns in Fragen der Ernährung, des Trinkens, der Sexualität, der Religion oder der Politik verrennen, aber das eine ist nicht besser als das andere. Ausgewogenheit erfordert, dass wir uns selbst kontrollieren und die Selbstbeherrschung haben, das Richtige zu tun.

SYMBOLISCHE ENTSPRECHUNGEN:

Diese Karte ist mit dem vierzehnten Buchstaben des hebräischen Alphabets, Nun, verbunden, dessen Bedeutung „der große Fisch“ ist und auch mit Leviathan, einem Symbol der Sexualität, in Verbindung gebracht wird. Kabbalisten haben immer auf einem normalen Eheleben bestanden, da eine zölibatäre Person als Beleidigung des Allmächtigen angesehen wird. In der esoterischen Geometrie wird dieses Symbol durch jedes Gefäß dargestellt, das die Zahl Sieben repräsentiert. Eine weitere geometrische Form ist das Siegel Salomons mit der Spitze in der Mitte, die die Gleichheit zwischen den ineinandergreifenden Dreiecken markiert.

In der Numerologie wird die Zahl 14 als „Schlüssel des Kreises" bezeichnet, da sie eine Verbindung zwischen dem Durchmesser und dem Umfang des Kreises herstellt, wobei Pi = 3,1415 ist und sich die Zahlen zu 14 addieren. Alle Vielfachen der Zahl Sieben besitzen wichtige Eigenschaften: Sie ist auch ein Mondsymbol, mit vierzehn Tagen des zunehmenden und abnehmenden Mondes. In der kabbalistischen Praxis werden die erste und dritte Mondwoche für wohltätige Zwecke verwendet, während die zweite und vierte Woche für Gerechtigkeit eingesetzt werden.

In der exoterischen Astrologie wird diese Karte mit dem Planeten Merkur in seiner Eigenschaft als Hermes in Verbindung gebracht. Hermes ist der Schlüssel „zum siebten Tor der zweiten Welt".

In der esoterischen Astrologie wird diese Karte mit dem Zeichen des Skorpions in Verbindung gebracht, das das Geschlecht der Menschen und die Geheimnisse der Natur beherrscht.

In magischen Handlungen wird dieses Arkanum „die Tochter der Versöhnung" und manchmal auch „das Licht der Pforte des Lebens" genannt. Die Farbe für Rituale ist Hellblau. Das magische Objekt ist Pfeil und Bogen. Der Weihrauch ist das Harz, das aus den getrockneten Blättern der Seerose gewonnen wird. Das Tier ist der Zentaur und der Hippogryph und, nach Ansicht einiger Autoren, der Hund. Die Pflanze ist die Binse.

PRAKTISCHE DIVINATION:

Aufrecht: Die Bedeutung dieser Karte ist Mäßigkeit oder Zurückhaltung, aber auch Aktion, Anstrengung, Harmonie und Gesundheit. Außerdem Selbstbeherrschung, Versöhnung und Gewissen.

Ungünstig oder umgekehrt: Verlust von Chancen, Kälte, sexuelle Perversion, Krankheit. Außerdem Exzess, Sucht und Hedonismus.

XV DER TEUFEL
Typhon • Baphomet

SYMBOL: ein nach unten zeigendes Pentagramm

HEBRÄISCHER BUCHSTABE: ס SAMECH

Diese Karte zeigt einen Ziegenbock oder Teufel, der auf einem Altar kauert. Er hat Fledermausflügel, die die Dunkelheit der Nacht und verborgene Dinge symbolisieren; seine gespaltenen Hufe stehen für Bestialität. Die Fortpflanzungsorgane werden hier durch einen Caduceus dargestellt. In seiner linken Hand hält Typhon ein sexuelles Symbol des Lingam und der Yoni; in der rechten Hand hält er eine nach unten gerichtete Fackel des Hasses und der Zerstörung. Zwei menschliche Gestalten, männlich und weiblich, mit Hörnern, die den Missbrauch ihrer natürlichen Kräfte und Gesundheit symbolisieren, sind an den Altar oder aneinander gekettet.

INITIATORISCHE BEDEUTUNG:

Die Versuchungen, die Typhon zugeschrieben werden, betreffen normale Sinnlichkeit, die durch das Lesen von Pornografie oder durch Aphrodisiaka übertrieben wurde. Baphomets Versuchungen berühren eine verdorbene Sexualität, unnatürliche Praktiken im Streben nach einer falschen okkulten Macht. Die Versuchungen des Teufels ersetzen Kreativität durch Skepsis, Materialismus, die Verneinung der Existenz des Bösen sowie durch Neid und Hass.

SYMBOLISCHE ENTSPRECHUNGEN:

Das fünfzehnte Arkanum steht in Verbindung mit dem fünfzehnten Buchstaben des hebräischen Alphabets, Samech, der die Schlange und die feurige Natter symbolisiert. Die magische und schädliche Kraft des Teufels bewegt sich durch die Kraft der entwürdigten Sexualität.

In der okkulten Geometrie ist Arkanum 15 der schwarze Punkt, dargestellt durch einen kleinen schwarzen Kreis, von dem 15 gekrümmte hyperbolische Linien ausgehen.

In der Numerologie setzt sich die Zahl aus 10, der Zahl des Lebensrads, und 5, der Zahl der Magie selbst, zusammen. Apollonios von Tyana nannte sie „den Strudel der Angst". Das magische Quadrat des Saturn basiert auf der Zahl 15; beim Hexensabbat sind die Teilnehmer erst vollständig, wenn der „Vertreter des Teufels" eintrifft. Wir finden es auch in der Gleichung 5 x 3, mit der die menschliche Magie die Dreifaltigkeit zu beleidigen sucht, während in 3 x 5 die göttliche Kraft die menschliche Macht erhöhen kann.

In der exoterischen Astrologie wird dieses Arkanum mit dem Planeten Mars in Verbindung gebracht, dem Planeten der Leidenschaft und der Begierde; aber Mars ist ebenso wie der Mensch der kosmische Generator. In der esoterischen Astrologie wird dieses Arkanum mit dem Schützen und dem Zentauren Chiron in Verbindung gebracht, halb Tier, halb Mensch, der große Initiator, aber der groben und oft bestialischen Rasse der Zentauren zugehörig, wenn wir uns an den Kampf der Zentauren mit Herkules erinnern. Er lehrt Unsterblichkeit, ist aber selbst nicht unsterblich.

In magischen Anwendungen wird dieses Arkanum „der Herr der Pforten der Materie" und „der Sohn der Kräfte der Zeit" genannt. Die Farbe für diese Riten ist Schwarz. Das Werkzeug oder magische Symbol ist Lingam und Yoni. Der Weihrauch oder das Parfüm besteht aus Moschus und Zibet, mit Orchideenwurzel. Das Tier ist der Ziegenbock; die Pflanzen sind Distel und Hanf.

PRAKTISCHE DIVINATION:

Aufrecht: Die Bedeutung dieses Arkanums ist Versuchung und Böses oder Sinnlichkeit. Es ist Verzauberung, Magie, Leidenschaft, Faszination, Perversion, Rebellion, Hysterie und Machtmissbrauch.

Ungünstig oder umgekehrt: Den bösen Einflüsterungen erliegen, gefangen in einem Netz der Nötigung. Auch höhere Gewalt, Knechtschaft und Verstrickung.

XVI DER VOM BLITZ GETROFFENE TURM

Das Gotteshaus • FEUER *vom* Himmel

SYMBOL: Mars

HEBRÄISCHER BUCHSTABE: ע AJIN

Der alte Titel dieses Arkanums, „la Maison-Dieu“ oder das Gotteshaus, bezieht sich auf die mittelalterliche Kirche, deren kirchlicher Einfluss jeglichen Liberalismus verhinderte, deren Organisation aber genau für die Zeit bis zur Renaissance erforderlich war. Wir sehen einen Turm aus Ziegeln oder behauenen Steinen, der allein in der Mitte einer weiten, verlassenen Ebene steht. Ein Blitz, der die göttliche Wahrheit symbolisiert, trifft den Turm und zerstört ihn; zwei Menschen werden vom Balkon des Turms auf den Boden darunter geworfen.

INITIATORISCHE BEDEUTUNG:

Innerhalb dieses Arkanums lassen sich drei verschiedene Formen spirituellen Stolzes unterscheiden: diejenigen, die versuchen, die Welt nach ihren eigenen Vorstellungen zu verändern: Reformer, Fanatiker, eitle Heiler, strenge Asketen, geistesgestörte Yogis, Medien mit einer vorgeblichen göttlichen Mission. Dann diejenigen, die das gesamte System abschaffen wollen, um sowohl General als auch Soldat, Chef und Angestellte auf die gleiche Stufe zu stellen – was zu einer Welt des sozialen Kompromisses führt. Und diejenigen, die Gott beseitigen wollen, um die menschlichen Werte zu betonen, wobei die armen Opfer dieser „Befreiung“ glauben, selbst kleine Götter zu sein. Der Stolz ermöglicht es ihnen allen, ihren Turm zu erklimmen, aber die göttliche Wahrheit sorgt dafür, dass ihr Turm vom Blitz getroffen wird.

SYMBOLISCHE ENTSPRECHUNGEN:

Dieses Arkanum ist auf den sechzehnten Buchstaben des hebräischen Alphabets, Ajin, abgestimmt, der als „die lunaren Kräfte“ interpretiert wird, ein alter Begriff, der sich darauf bezieht, dass spirituelle Gaben von rationalen Egoisten genutzt werden.

In der esoterischen Geometrie ist das Symbol das schwarze magische Quadrat bzw. sechzehn kleine schwarze Quadrate, die in Form eines Quadrats angeordnet sind.

In der Numerologie ist die Zahl 16 ein Quadrat aus 4, der Zahl der Materie. Auf dem Fest von König Belsazar gab es 16 Adlige, während der König 16 goldene Kugeln auf seiner Krone hatte.[4] Die Gleichung dieses Arkanums 2 x 8 ergibt Ungerechtigkeit oder unausgewogene Gerechtigkeit oder göttlichen Zorn.

In der exoterischen Astrologie wird diese Karte mit dem Mond in Verbindung gebracht, aber seit der Entdeckung des Planeten Uranus im 18. Jahrhundert wird der Turm nun mit ihm assoziiert. Dieser Planet regiert neue, oft bizarre Ideen und wird mit einer stolzen Verachtung für Traditionen verknüpft. In der esoterischen Astrologie ist diese Karte auf den Steinbock abgestimmt, das charakteristische Zeichen für geheimen Ehrgeiz, Selbstgefälligkeit und kalten Stolz.

In magischen Operationen lautet der magische Name dieses Arkanums „Der Herr der stolzen Heere“. Die Farbe für Rituale ist Scharlachrot. Der Weihrauch besteht aus Drachenblut mit getrockneten Pfefferkörnern. Das magische Instrument ist das Schwert. Die mit dieser Karte assoziierten Tiere sind das Zebra und der Wolf; die Pflanzen sind Wermut und Raute.

PRAKTISCHE DIVINATION:

Aufrecht: Die Hauptbedeutung ist Stolz. Auch Anmaßung, Ehrgeiz, unstillbarer Appetit, Brutalität, Selbstdarstellung und mangelndes Gleichgewicht.

Ungünstig oder umgekehrt: Schüchternheit, Versagen, Risiken einzugehen oder sich etwas zu trauen, Schwere des Geistes, Beibehaltung einer bescheidenen Position trotz des Zusammenbruchs anderer um Sie herum.

XVII DER STERN der MAGI

Die Sterne • Optimismus

SYMBOL: Achtzackiger Stern

HEBRÄISCHER BUCHSTABE: פ PE

Wir sehen eine schöne Frau, die am Ufer eines Flusses kniet und in jeder Hand eine Vase hält, aus der sie den Inhalt ausschüttet. Sie verkörpert Jungfräulichkeit und Mutterschaft zugleich, ist sowohl Madonna als auch Vestalin. Die Vasen symbolisieren die beiden Polaritäten: Auf die Erde gießt sie das Prinzip der männlichen Kräfte, ins Wasser das Prinzip der weiblichen Kräfte. Über dem Kopf der Frau leuchtet ein großer Stern, umgeben von sieben kleinen Sternen. Auf der einen Seite befindet sich ein Akazienbusch, auf der anderen die Opferrose.

INITIATORISCHE BEDEUTUNG:

Die Initiation erfordert die Ausübung der beiden Polaritäten: die männliche Polarität, die die göttliche Kraft manifestiert und sich als Geist und Intelligenz nach außen hin manifestiert; die weibliche Polarität, die sich nach außen hin manifestiert und in der Seele und in der Schönheit manifestiert. Der große Stern symbolisiert den Polarstern, „die Sonne der Sonnen", mit den sieben Rishis des Großen Bären um ihn herum. Er steht in Verbindung mit der Hoffnung und der Schechina, der weiblichen Herrlichkeit des Göttlichen. Die Hoffnung führt uns zu einem gesunden und schönen Leben und erhebt uns von der materiellen in die spirituelle Welt, wo höchste Schönheit zu finden ist. Sarkasmus, Zynismus, Ironie, kritische Boshaftigkeit und sogar der engstirnige Materialismus kleiner Geister versperren uns den Zugang zum Stern der Magi.

SYMBOLISCHE ENTSPRECHUNGEN:

Das siebzehnte Arkanum entspricht dem hebräischen Buchstaben Pe, dessen Form ein Mund mit einer Zunge ist. Es schwingt mit Hermes und den beiden Polaritäten des männlichen Denkens und des weiblichen Wortes mit.

In der okkulten Geometrie ist das Symbol das gleichschenklige Dreieck, das auf dem gleichseitigen Dreieck liegt, wobei die beiden Dreiecke dieselbe Grundfläche haben. Das gleichschenklige Dreieck steht für die beiden Polaritäten, die nicht in der Lage sind zu handeln, es sei denn, sie liegen auf dem gleichseitigen Dreieck, dem göttlichen Dreieck.

In der Numerologie ergibt die Summe der zehn Sephiroth, die mit den vier Welten Atzilut, Briyah, Jetzira und Asiyah und den drei ursprünglichen Emanationen Ain, Ain-Soph und Ain Soph Aur agieren, 17. Die 17 hat 7 = materielle Vollkommenheit und 10 = der Beginn der Arbeit für andere am Lebensrad.

In der exoterischen Astrologie ist dieses Arkanum auf den Planeten Venus abgestimmt. In der esoterischen Astrologie wird dieses Arkanum von Merkur in seiner Eigenschaft als Hermes regiert, dem geflügelten Götterboten, einem der Anführer der Armee der Stimme und einem Prinzen einer der himmlischen Hierarchien.

In magischen Anwendungen lautet der magische Name dieses Arkanums „die Tochter des Firmaments" und manchmal „das, was zwischen den Wassern lebt". Die Ritualfarbe ist Violett. Der Weihrauch besteht aus Galbanum und Lorbeerblättern. Das magische Werkzeug ist das Räuchergefäß. Das Tier, das dieser Karte zugeordnet wird, ist der Adler und der Mensch, während der Baum der Olivenbaum ist.

PRAKTISCHE DIVINATION:

Aufrecht: Die Hauptbedeutung dieses Arkanums ist Hoffnung, aber auch spiritueller Gewinn, die Seele in Frieden, Geburt, Optimismus, würdige Arbeit, geringer materieller Gewinn.

Ungünstig oder umgekehrt: Missverstanden werden, Ungeduld, Verzweiflung, Pessimismus. Auch mangelnder Glaube, Vernachlässigung der Seele.

XVIII DER MOND

Dämmerung • Die Prüfungen *des* Mondes

SYMBOL: ein kleiner Kreis über einem nach unten zeigenden Dreieck

HEBRÄISCHER BUCHSTABE: צ ZADE

Diese Karte zeigt uns eine trockene, verlassene Landschaft; es ist das Ende der Dämmerung, das Licht des Halbmondes ist bereits stärker als das des Tages. Ein Pfad schlängelt sich durch diesen verlassenen Ort; er führt zwischen zwei Türmen hindurch, die die Wächter des Unbekannten darstellen; der Pfad verliert sich in der Ferne. Der Mond, der den Pfad erhellt, lässt 32 Tropfen fallen, die auf die Gefahren auf den 32 Pfaden der Weisheit hinweisen. Links vom Weg befindet sich ein Hund, das Symbol der Schmeichelei; rechts befindet sich ein Wolf, das Symbol der Feindschaft, der den Mond anheult. Im Vordergrund befindet sich ein dunkler Tümpel, aus dem ein Flusskrebs auftaucht, das Symbol der grundlegenden Instinkte der Menschheit.

INITIATORISCHE BEDEUTUNG:

Dies ist die letzte der großen Prüfungen, die der zweiten Einweihung vorausgehen. Der Neuling muss diese riesige Wüste durchqueren, trotz der Säulen des übermäßigen Ehrgeizes und der Entmutigung, die von allen Seiten drohen. Der Neuling muss die drei Schmeicheleien des Hundes besiegen: die falschen Freunde mit versteckten Motiven, die eigene Selbstzufriedenheit und die Versuchungen, die einen auf den Boden der Tatsachen zurückholen wollen. Dann muss der Neuling die drei Feindseligkeiten des Wolfes überwinden: den Feind mit dem falschen Gesicht, die Grausamkeit in sich selbst, die Einschüchterungen des Bösen. Zuletzt muss der Neuling die drei Versuchungen des Flusskrebses überwinden: die Werte von Familie, Klasse oder Rasse; die eisernen Fesseln der Lebensgewohnheiten; die schleichende Sinnlichkeit, die nahe der Oberfläche lauert.

SYMBOLISCHE ENTSPRECHUNGEN:

Diese Karte ist auf den achtzehnten Buchstaben des hebräischen Alphabets, Zade, abgestimmt, dessen Zeichen einen Angelhaken darstellt. Der Buchstabe Zade basiert auf der Schlange, dem Symbol des Verführers.

In der esoterischen Geometrie ist das Symbol eine Parabel, die fast in einer geraden Linie endet. Man kann auch das Symbol von vier nebeneinander liegenden Sechsecken verwenden.

In der Numerologie haben wir 6 + 6 + 6 = 18, was das Klopf- oder Rufzeichen ist, das in vielen Schwarzen Logen gegeben wird, oder die „Zahl des Tieres".

In der exoterischen Astrologie ist diese Karte auf den Mond und insbesondere auf seinen Aspekt Hekate abgestimmt. Eulen und Würmer werden vom Mondlicht bestimmter Mondphasen begünstigt. In der esoterischen Astrologie wird diese Karte mit Saturn in Verbindung gebracht, aber in diesem Fall wird der Neuling von einem strengen Richter akzeptiert. Die Analogie des Abyss zwischen den sieben Sephiroth ist die Schöpfung der Höchsten Triade.

In magischen Anwendungen wird dieses Arkanum „der Herr der Sümpfe" oder „Ebbe, Flut und Salzmeer" genannt. Die Ritualfarbe ist ultraviolett. Das magische Werkzeug ist der Hohlspiegel. Der Weihrauch besteht aus Ambra und Kampfer. Das Tier ist der Wolf und der Flusskrebs. Die Pflanze ist der weiße Mohn.

PRAKTISCHE DIVINATION:

Aufrecht: Die wahre Bedeutung dieser Karte ist Versuchung, Zerreißprobe, Zusammenbruch. Auch Illusion, verdorbene Vorstellungskraft, falsche Freunde, Zweifel.

Ungünstig oder umgekehrt: Dies ist die Karte des Verräters oder von jemandem, der ein Sklave der schwarzen Magie ist. Auch Verdacht und Aberglaube.

XIX DIE SONNE
Das strahlende Licht

SYMBOL: ein Punkt in einem Kreis

HEBRÄISCHER BUCHSTABE: ק KUF

Diese Karte zeigt uns zwei Kinder, ein Mädchen und einen Jungen, die in einem von einem Holzzaun umgebenen Garten stehen. Sie strecken einander die Hand entgegen und halten die Enden einer Leier des Großen Werks, das allen Harmonie bringt. Sie stehen in der Mitte eines Kreises aus Kräutern und Blumen, mit einem Rosenstock auf jeder Seite. Die Kinder zeigen die beiden Polaritäten an – der Junge symbolisiert die Vernunft und das Mädchen die Emotion. Die Strahlen der Sonne der Wahrheit, des strahlenden Lichts, der kosmischen Energie, fallen herab. Von dieser strahlenden Sonne gehen zwölf Strahlen aus, die die Kraft des philosophischen Goldes der Alchemisten besitzen.

INITIATORISCHE BEDEUTUNG:

Diese Karte zeigt uns die Transmutation, die Grundlage aller hermetischen Arbeit, bei der sich unedles Metall in Gold verwandelt. Wir wissen heute, dass ein Atom durch den Verlust oder die Vermehrung von Elektronen zu etwas anderem wird; so wird ein Uranatom durch den Verlust seiner Elektronen zu einem Bleiatom. Das alchemistische Prinzip ist genau so. Die physische Alchemie ist nur ein Schleier, der die wahre Arbeit der spirituellen Alchemie verbirgt, bei der materielle Wünsche in spirituelle verwandelt werden und bei der die Seele und nicht das materielle Leben bereichert wird. Alchemie ist nie erfolgreich, wenn es im Herzen Traurigkeit oder Zweifel in den Gedanken gibt.

SYMBOLISCHE ENTSPRECHUNGEN:

Diese Karte ist auf den neunzehnten Buchstaben des hebräischen Alphabets, Kuf, abgestimmt, von dem das Sepher Jetzira als einem Buchstaben spricht, der voller Freude ist.

In der esoterischen Geometrie ist das Symbol dieses Arkanums die Zahl 10 in der Mitte von neun konzentrischen Kugeln.

In der Numerologie ergibt 10 + 9 den Beginn eines Zyklus. Der Eingeweihte in die Mysterien des Osiris trägt eine Kette von 19 Skarabäen, die mit dem metonischen Zyklus des Mondes in Verbindung gebracht wird, der 19 Jahre braucht, um wieder an den gleichen Punkt am Himmel zu kommen. Die Sonne und die beiden Kinder bilden eine Trinität von Formen, die zusammen die 19 ergeben, wenn man die 16 Strahlen mit den beiden Kindern und der Sonne zusammenzählt.

In der exoterischen Astrologie steht das neunzehnte Arkanum in Verbindung mit der Sonne, die die Seele oder die Individualität offenbart. In der esoterischen Astrologie steht diese Karte im Einklang mit dem Zeichen der Fische, dem Zeichen der beiden Polaritäten, und ist am stärksten für die Umwandlung des physischen und spirituellen Charakters. In magischen Operationen wird dieses Arkanum „der Meister des Feuers der Welten" oder „das zentrale Feuer unseres Sonnensystems" genannt. Das magische Instrument ist ein Kristall, durch den man in die Zukunft sehen kann. Die Räucherung besteht aus Olibanum und Zimt. Das Tier ist der Löwe und die Pflanze die Sonnenblume.

PRAKTISCHE DIVINATION:

Aufrecht: Die wahre Bedeutung dieses Arkanums ist spirituelle Transmutation. Außerdem spirituelle Stärke, Seelenstärke, Mut, Geist, ehrenwerte Liebe, Wiederherstellung der Gesundheit.

Ungünstig oder umgekehrt: Eine verpasste Gelegenheit, aufgegebene Pflichten und Energieverlust. Außerdem mangelnder Erfolg, Burnout, Überforderung.

XX DAS JÜNGSTE GERICHT
Die Auferstehung

SYMBOL: ein X mit einem vertikalen Strich

HEBRÄISCHER BUCHSTABE: ר RESCH

Diese Darstellung stammt aus dem Mittelalter und folgt der mittelalterlichen Vorstellung vom Jüngsten Gericht. Der größte Teil des Himmels wird von Kopf und Schultern eines Engels eingenommen, der eine lange Trompete hält. An dieser Trompete ist eine kleine Flagge mit dem gleicharmigen Kreuz befestigt. Ein Mann und eine Frau stehen auf beiden Seiten eines Kindes in einer Haltung der Anbetung; sie alle sind aus ihren Gräbern auferstanden. Aber unser Studium ist das alchemistische Große Werk, nicht die christliche Theologie, daher sollten wir diese beiden Symboliken nicht miteinander vermischen.

INITIATORISCHE BEDEUTUNG:

Alle Initiationsriten haben einen symbolischen Tod und eine Auferstehung als zentralen Bestandteil ihrer Lehre, wie wir in den Riten von Eleusis sehen, deren Anhänger in den Weg in die jenseitige Welt eingeführt wurden. Die Auferstehung ist eine Transmutation, eine Neugeburt, eine Taufe aus dem Wasser und dem Himmel, die es uns ermöglicht, in das Leben nach dem Tod einzutreten. Das neunzehnte Arkanum zeigt die Umwandlung von Materie in Geist, während das zwanzigste Arkanum uns die Umwandlung des materiellen Lebens in spirituelles Leben zeigt – im Grunde die Vergeistigung von allem, was existiert. Es ist nicht nur so, dass der Eingeweihte anders denkt als der Nichteingeweihte, sondern dass er sich tatsächlich in einem anderen Seinszustand befindet, so wie ein aufsteigender Dampf nicht dasselbe ist wie herabfallendes Wasser.

SYMBOLISCHE ENTSPRECHUNGEN:

Das zwanzigste Arkanum (Gericht) entspricht dem zwanzigsten Buchstaben des hebräischen Alphabets: Resch ist ein Doppelbuchstabe, der „zwei Wahrheiten zwischen Schöpfung und Zerstörung" enthält, d. h. das doppelte Tor von Tod und Leben.

In der esoterischen Geometrie wird dieses Arkanum durch vier Sphären oder Kreise dargestellt: Erde, Wasser, Feuer und Luft, in denen sich jeweils fünf kleine Flammen befinden.

In der Numerologie steht die Zahl 20 sowohl für Polarität als auch für Einheit, und ihre Umwandlungen zeigen sich in den beiden spiegelbildlichen Berechnungen 5 x 4 und 4 x 5. Die Zahl 20 steht auch für die beiden Säulen der Strenge und der Barmherzigkeit auf dem Baum der Erkenntnis von Gut und Böse, während die Mittelsäule die Zahl 12 trägt.

In der exoterischen Astrologie wird sie mit Jupiter oder genauer mit Zeus in Verbindung gebracht. In der esoterischen Astrologie wird sie Saturn zugeschrieben, wenn wir uns daran erinnern, dass sich die Sphäre von Jupiter auf der Säule der Barmherzigkeit bei Chesed befindet und die von Saturn auf der Säule der Stärke bei Geburah.

In magischen Operationen wird dieses Arkanum „Geist des Urfeuers" genannt, die zweite alchemistische Transmutation. Das magische Objekt ist die sichtbare und unsichtbare Lampe. Der Weihrauch besteht aus rotem Sandelholz mit Ginseng. Das ihm zugeschriebene Tier ist die Löwin, während die Pflanze die weiße Taubnessel ist.

PRAKTISCHE DIVINATION:

Aufrecht: Die wahre Bedeutung dieses Arkanums ist die Vergeistigung der Materie, „das lebendige Tor der Toten". Auch Wiedergeburt, Befreiung, Heilung, Veränderung, Zerreißprobe.

Ungünstig oder umgekehrt: Eine verlorene Sache, Verlust, Verzweiflung und Rückzug. Auch unvermeidliche Prüfung oder Untersuchung, Aufschub.

XXI DER NARR
Der mystische Narr

SYMBOL ein Kreis

HEBRÄISCHER BUCHSTABE: ש SIN

In mittelalterlichen Versionen wird der Narr als Mann dargestellt, der ein heraldisches Wams trägt, das zerfetzt und zerrissen ist. Am Kragen des Wamses hängen die Glöckchen des Narren oder Clowns. An einem Stock über der Schulter trägt er eine Betteltasche. Seine Strumpfhose ist zerrissen und ein Hund beißt in seine Beine. Vor ihm befindet sich ein Abhang, an dem ein Krokodil mit aufgerissenem Maul wartet.

INITIATORISCHE BEDEUTUNG:

Der zentrale Lehrsatz der Lehre der großen Arkana handelt von den vorbereitenden Prüfungen der Einweihung. Am schwierigsten ist es für den Kandidaten jedoch, eine gute Erklärung dafür zu geben, was er oder sie unter diesem Wort versteht: Denn es verleiht die Macht, zwischen dem Ewigen und dem Zeitlichen, der Wahrheit der Illusion, zu unterscheiden. Wer um Einweihung bittet, ohne das Recht oder das notwendige Wissen erworben zu haben, bereitet sich lediglich auf einen Sturz vor. Gemäß der Lehre der Kabbala versucht der Kandidat, sich an die göttliche Intelligenz zu binden, um empfänglich zu werden, damit der spirituelle Strom auf ihn oder sie herabfließen kann. Die Initiation verändert den inneren Charakter von spiritueller Unruhe zu spiritueller Ruhe, von Zweifel zu Vertrauen; dies wurde in der alchemistischen Sprache auch als „Transmutation des Drachen“ bezeichnet.

SYMBOLISCHE ENTSPRECHUNGEN:

Sin ist der einundzwanzigste Buchstabe des hebräischen Alphabets, der mit dieser Karte in Verbindung gebracht wird: Sin ist der messianische Buchstabe, der das Haupt von Adam Kadmon, dem kosmischen Menschen, regiert und dem göttlichen Funken entspricht. Für die Kabbalisten besteht eine direkte Verbindung zwischen Sin, Shaddai und dem Arkanum des Narren.

In der esoterischen Geometrie sehen wir die Form einer Raute, bei der rechtwinklige Linien die vier Winkel verbinden und die Basis eines Kreuzes bilden. Die horizontale Linie dient als Basis für zwei gleichschenklige Dreiecke, eines oben und eines unten. Die vertikale Linie markiert die Spitze der höheren gleichschenkligen Dreiecke, nicht jedoch die des unteren.

In der Numerologie ist es unmöglich, die folgende Zahlenfolge zu ignorieren: 1 + 2 + 3 + 4 + 5 + 6 = 21. XXI ist die Zahl von allem und auch die verlorene Zahl; sie ist gleichermaßen die „Transmutation des Quartärs in die Quintessenz", gemäß der Arithmetik der Rosenkreuzer.

In der exoterischen Astrologie wird der Narr mit der Erde in Verbindung gebracht, in der esoterischen Astrologie mit dem Feuer.

In magischen Handlungen ist der magische Name des Narren „das Genie der Transformation". Das magische Werkzeug ist der Pilgerstab. Der Weihrauch ist Olibanum aus Java mit getrockneten Lorbeerblättern. Das Tier ist das Krokodil, die Pflanzen sind Steinbrech und Passionsblume.

PRAKTISCHE DIVINATION:

Aufrecht: Initiatorische Kräfte, Verleugnung der Welt. Auch Unschuld, Spontaneität.

Ungünstig oder umgekehrt: Stolz, Antagonismus gegenüber spirituellen Dingen. Auch mangelndes Engagement, rücksichtsloses Handeln, Leichtsinn.

XXII DIE WELT
Die Krone *der* Magier

SYMBOL eine Swastika:
HEBRÄISCHER BUCHSTABE: ת TAW

Dieses Arkanum wird durch eine Figur dargestellt, in der Regel die einer leicht verschleierten Frau, in der Mitte einer Mandorla oder eines Ovals. Die Frau tanzt mit großer Vitalität und deutet sowohl auf die Idee der Statik als auch auf die Drehbewegung der Erde um ihre Achse hin. Die Mandorla, in der sie tanzt, besteht aus einer Girlande aus Blumen und Blättern, mit den vier lebendigen Wesen um den Thron in jeder der vier Ecken der Karte. Die vier apokalyptischen Wesen oder Hayyoth ha Kadosh bilden das feste Kreuz des Tierkreises und sind auch die vier königlichen Sterne der vier Evangelisten.

INITIATORISCHE BEDEUTUNG:

Diese letzte Karte der großen Arkana zeigt ewige Aktivität und ewige Ruhe; das Absolute und das Relative, die vier Kräfte und die vier Wahrnehmungszustände. Sie wirft Licht auf den Stein der Weisen, die Rosa Mystica und den Heiligen Gral. Der Alchemist beeinflusst die Welt durch die Vollendung des Großen Werks: die Umwandlung von Materie in Geist; und wer Arkanum XXII erreicht, versteht die Umwandlung des Geistigen in das Göttliche. Diese Karte führt den Eingeweihten in die Gegenwart Gottes, der Schechina, zur Vision des Glanzes, des Gewandes der Herrlichkeit und der Höhen des Verstehens. Wer dieses Arkanum vollständig versteht, hat die einundzwanzig Erscheinungsformen durchlaufen und ist bereit für die Rückkehr zum Zentrum.

SYMBOLISCHE ENTSPRECHUNGEN:

Die Karte ist mit dem zweiundzwanzigsten hebräischen Buchstaben Taw verbunden, einer priesterlichen Zahl, die die Schöpfung durch die Schönheit der Bewegung erklärt.

Sie enthüllt die Geheimnisse zweier Zahlenreihen: 21 und 22. 21 ist eine der arithmetischen Darstellungen des Endes, denn 7 x 3 = 21, während 22 uns 7 x 3,1314927 oder Pi bringt, das den Durchmesser eines Kreises mit seinem Umfang in Einklang bringt. In der esoterischen Geometrie wird diese Karte durch das Yin-Yang symbolisiert, das auf S. 49 ausführlich beschrieben wird. Es gibt auch ein komplexes Symbol aus 21 Kreisen, die in der Mitte eines Kreises miteinander verbunden sind.

In der esoterischen Astrologie wird sie mit der Sonne, der Zentripetalkraft, und mit Jupiter in Verbindung gebracht, der die Sephira Chesed auf dem Lebensbaum sowie die erste Emanation unterhalb des Abyss regiert. In der exoterischen Astrologie wird sie mit Neptun in Verbindung gebracht.

In magischen Anwendungen wird diese Karte „der Herr der Nacht der Zeit" genannt. Die Farbe für Rituale ist Indigo. Der Duft und Weihrauch ist Olibanum mit Balsam aus Gilead. Das magische Werkzeug ist die Sichel. Das Tier ist der Stier-Sphinx.

PRAKTISCHE DIVINATION

Aufrecht: Ende, Abschluss, universelle Werte, etwas für die Gemeinschaft verfügbar machen, Fertigstellung, Ressourcen teilen, zusammenarbeiten.

Ungünstig oder umgekehrt: Perfektionismus, Prahlerei und Übertreibung, um überzeugender zu wirken, jemand, der das Gefühl hat, die Welt schulde ihm seinen Lebensunterhalt.

KAPITEL 2

DIE VIER TEMPEL DER KLEINEN ARKANA

Die kleinen Arkana des *Tarot Médiéval*

Rolt-Wheelers Modell für das *Tarot Médiéval* basiert größtenteils auf der Arbeit von Éliphas Lévi, wie alle Tarots der Oswald-Wirth-Schule (siehe S. 160). Im Eintrag zu König der Zepter bemerkt der Autor, dass die Karte unmittelbar auf XXII die Welt folgt und „Karte 23" ist. Rolt-Wheeler folgte jedoch nicht der fortlaufenden Nummerierung der kleinen Arkana von König bis Ass, wie sie von Lévi verwendet wurde, sondern der Nummerierung aller 78 Karten in seinen Tarots von 1 bis 78 durch Etteilla. Im *Tarot Médiéval* wurde die Reihenfolge von Ass bis König in jeder Farbe beibehalten, um die Verwendung zu erleichtern.

Rolt-Wheeler sah in den Karten der vier Farben vier Tempel. Nach einer magischen Verbindung der Farben mit den Elementen wies er ihnen die folgenden Assoziationen zu:

Elemente	**Tarot-farben**	**Spielkarte Psychologische Funktionen**	**Seelenkörper**
Luft:	Zepter	Kreuz - Intuition	Spiritueller Körper
Feuer:	Schwerter	Pik - Gedanken	Mentalkörper
Wasser:	Kelche	Herz - Emotion	Astralkörper
Erde:	Schekel	Karo - Sinnlichkeit	Physischer und ätherischer Körper

Jeder, der mit den heute üblichen elementaren Assoziationen in der Magie und im Tarot vertraut ist, wird erkennen, dass Rolt-Wheeler Schwerter/Luft und Zepter/Feuer vertauscht hat, wobei Schwerter nun mit Feuer und Zepter mit Luft assoziiert werden. Diese Zuordnung wurde im magischen Denken des frühen 20. Jahrhunderts häufig verwendet; so etwa in Charles Williams' magischem Tarot-Roman von 1932, *The Greater Trumps*.

DIE VIER FARBEN

Die vier Farben der Tempel sind Spielkarten, die von 1 bis 10 nummeriert sind und bei denen nur ihre primären Embleme in unterschiedlichen Anordnungen dargestellt sind, wie Tarotkarten üblicherweise vom 15. bis zum frühen 20. Jahrhundert hergestellt wurden. Die Farben der Karten sind wie folgt: Blau für Zepter, Rot für Schwerter, Grün für Kelche und Braun für Schekel.

ZEPTER: Die Stabkarten heißen im *Tarot Médiéval* Zepter und stellen das Zepter des Herrschers oder den Kommandostab in der Schlacht dar. Es ist eine Farbe der Luft und der Intuition.

SCHWERTER: Die Schwertkarten zeigen ein langes Ritterschwert und nicht das kurze, krumme Schwert der Spielkartenfarbe Pik. Es ist eine Farbe des Feuers und des Denkens.

KELCHE: Die Kelchkarten stellen sowohl den Heiligen Gral als auch den Abendmahlskelch dar. Es ist eine Farbe des Wassers und der Emotionen.

SCHEKEL: Die Münze wird im *Tarot Médiéval* anachronistisch als Schekel bezeichnet; diese stellen die Münze dar, die im Tempel von Jerusalem als Opfergabe oder Spende angeboten wurde. Da der Zweite Tempel in Jerusalem jedoch im Jahr 70 n. Chr. zerstört wurde, spricht Rolt-Wheeler auch überzeugender von „Peterspfennig", dem Zehnten, den Christen zur Unterstützung des Papstes gaben. Schekel ist eine Farbe der Erde und Sinnlichkeit. Schekel als Bezeichnung für Münzen wurde erstmals von Paul Christian in das Tarot eingeführt.[6]

DIE HOFKARTEN DER VIER TEMPEL

Die sechzehn Hofkarten der vier Tempel im *Tarot Médiéval* werden gemäß der Vorstellung der Urheber vom Mittelalter dargestellt. Die Pagen, Ritter und Könige werden alle als männlich dargestellt, nur die Königin als weiblich. Der Zepter-Hof offenbart einen Pagen, der als Bote aufbricht, einen Ritter, dessen unverblümte Ehre die liebende Königin und das Reich des Königs verteidigt. Der Kelchhof zeigt die Suche nach dem Gral, wobei der Page das Gefäß als Akolyth bringt, der Ritter als Suchender, die Königin als Verkörperung des Grals, während der ältere König wie der verwundete König ist.

Der Schwert-Hof befasst sich mit den schwierigen Dingen: Der Page versucht, Gefangene aus einem feuchten Verlies zu befreien, der Ritter hält die Wahrheit als sein Band, die Königin verteidigt ihr eigenes Schloss, während der König voreilige Entscheidungen trifft. Der Schekel-Hof präsentiert uns einen byzantinischen König und eine byzantinische Königin, mit einem Ritter, der ihren Schatz bewacht, und einem Pagen, der buchstäblich an Geld oder Armut gefesselt ist.

DIE PAGEN

Rolt-Wheeler schreibt über die Pagen:

„Im *Tarot Médiéval* werden die Pagen an einigen anderen Stellen als Valets bezeichnet, und manchmal, im Oswald-Wirth-

System, als Sklaven oder Leibeigene. In französischen Spielkarten entspricht der Valet der Karte, die wir im englischen Spielkartenjargon Jack nennen." Wie Rolt-Wheeler sagt: „Das Wort ‚Valet' hat den Nachteil, dass es für einen persönlichen Diener verwendet wird, was nicht dem Charakter der Pagen der vier Tempel entspricht. Das Wort ‚Diener" bezeichnet im höchsten Sinne auch den Diener Gottes. Das Wort ‚Sklave' ist einer der viel älteren Namen dieses Arkanums, aber das Wort hat auch seine Bedeutung geändert, und wir sprechen nicht mehr von ‚dem Sklaven der Schönheit' oder ‚dem Sklaven des Lichts'."

Für moderne Tarot-Nutzer ist der Gedanke, dass ein Page eine Art Sklave ist, sehr befremdlich. Diese Vorstellung stammt aus dem Tarot-System von Oswald Wirth und wird auch im New Revised Art Tarot von Knapp Hall verwendet, wo wir sehen, dass die Sklaven (Pagen) der Schwerter, Kelche und Münzen alle an Hand- oder Fußgelenk gefesselt sind. Diese Idee stammt aus Éliphas Lévis Clavicule of Solomon, wo er die Seiten wie folgt beschreibt: „Seite der Stäbe - Sklave des Mannes, Seite der Kelche - Sklave der Frau, Seite der Schwerter - Sklave der Liebe, Seite der Münzen - Sklave der Kinder oder der Arbeit."[7]

Wie Rolt-Wheeler schreibt:

„Alles in allem müssen wir die Pagen als Neophyten oder Proto-Neophyten betrachten, die gerade erst den Initiationsweg beschreiten. Sie sind noch tief in Materie verstrickt, beginnen jedoch, die Prinzipien des esoterischen Pfades zu verinnerlichen und ihm zu dienen, indem sie sich in die hohe Magie einweihen lassen. Die Pagen werden in unterschiedlichen Zuständen und Bedingungen dargestellt: In den vier Tempeln des *Tarot Médiéval* ist das Wort ‚Acolyte' besser für den Pagen der Kelche und das Wort ‚Valet' für den Pagen der Schekel. Der Page ist in den Kelchen erhöht, weil er den Gral trägt; aber er befindet sich auf einer niedrigeren Ebene in den Schekeln, weil er an einen Sack mit Geld gekettet ist."[8]

RITTER

Hier beschreibt Rolt-Wheeler die Rolle des Ritters:

„Der Ritter des Tarot fehlt in modernen Spielkartendecks, in denen wir nur den Diener oder Buben sowie die Dame und den König erwarten. Dieses Arkanum wurde verschiedentlich Chevalier, Cavalier, Krieger und Kämpfer genannt. Aber das Wort ‚Ritter' hat in der Tarot-Reihe von König, Königin, Ritter und Page den größten Klang. Nach einem alten astrologischen Gesetz entsprechen die zwölf Häuser des Horoskops den zehn Zahlenkarten, während das elfte Haus mit dem Ritter und das zwölfte Haus mit dem Pagen oder Valet in Einklang steht. Zu diesen Häusern gehören auch ihre Gegensätze: Das fünfte Haus der Liebe und das elfte Haus der Freundschaft und des Schutzes stimmen beide mit dem Ritter überein, während das sechste und zwölfte Haus die Diener bzw. die Arbeit und die Einschränkung für die Pagen regeln."

Im *Tarot Médiéval* sind die Ritter der vier Tempel vor einem kreisförmigen Hintergrund dargestellt, wobei die Farben die Art der ritterlichen Arbeit anzeigen.[9] Jeder trägt auch sein eigenes Emblem.

KÖNIGINNEN

Rolt-Wheeler über die Königinnen

„Die Ausdrucksformen der vier Königinnen zeigen ihren Charakter: Die Königin der Zepter ist ätherisch und spirituell, die Königin der Schwerter ist traurig, aber entschlossen, die Königin der Kelche ist anmutig und gastfreundlich, die Königin der Schekel ist kalt und erhaben."[10]

Rolt-Wheeler weist den Königen den Status „Königliche Sterne“ zu, in Anlehnung an die Theorien von Paul Christian in seiner *Histoire de la Magie*:

König der Zepter: Regulus oder „Kleiner König“ im Sternbild Löwe
König der Schwerter: Sadalmelik oder „Glück des Königs“ im Sternbild Wassermann
König der Kelche: Aldebaran oder „Der Nachfolger“ im Sternbild Stier
König der Schekel: Antares oder „Rivale des Mars“ im Sternbild Skorpion

Der Autor spricht davon, dass „die Gesichter der vier Könige ihren Charakter widerspiegeln: Der spirituelle König der Zepter hat ein blasses, ja sogar ausgemergeltes Gesicht; der König der Schwerter hat den Blick eines entschlossenen Kriegers; der König der Kelche, der Priesterkönig und Initiator, hat einen gütigen Blick; der König der Schekel ist hart, schurkisch und sieht aus wie ein Tyrann.“[11]

AUFRECHT *und* UMGEKEHRT

Beachten Sie, dass Rolt-Wheeler die Karten als „günstig oder aufrecht“ oder „ungünstig oder umgekehrt“ bezeichnet. Da er sich bei der Behandlung der kleinen Arkana weitgehend an die Bedeutungen von Etteilla hält, gibt er uns manchmal aufrechte, aber ungünstige Bedeutungen sowie umgekehrte und günstige Bedeutungen, je nach der ursprünglichen Natur der Karte. Bei jeder Lesung kann eine Karte ihre aufrechte Position verraten, seien Sie also darauf vorbereitet, sie so zu lesen, als wäre sie umgekehrt, und umgekehrt. Siehe S. 186.

DIE VIER TEMPEL DER KLEINEN ARKANA

DIE KLEINEN ARKANA

Die großen Arkana stehen für die Großen Mysterien, während die kleinen Arkana die kleinen Mysterien darstellen. Die großen Arkana sind solar und allegorisch; die kleinen Arkana sind lunar und symbolisch. Kein Tarot ist vollständig ohne seine 78 Karten.

Die kleinen Arkana sind in vier Tempel oder Farben unterteilt. Diese sind Zepter oder Stäbe, Schwerter, Kelche oder Pokale und Schekel oder Münzen. Die vier Farben in mittelalterlichen und modernen Spielkarten sind ebenfalls in der folgenden Reihenfolge unterteilt: Kreuz, Pik, Herz und Karo. In ihrer astrologischen Entsprechung sind sie mit den Dreifachkräften von Luft, Feuer, Wasser und Erde verbunden und repräsentieren den psychologischen Charakter von Intuition, Mentalität, Emotion sowie physischen und materiellen Zuständen.

DER TEMPEL DER ZEPTER:

REGION DER DREIFACHHEIT DER LUFT

Dieser Tempel ist der der Zepter oder das königliche Emblem des Stabes, wie ein Marschallstab, der als Befehlszeichen geschwungen wird: Er entspricht der Kartenfarbe Kreuz, dem Emblem der Dreifaltigkeit und der kirchlichen Autorität. Das Kartenbild der Zepter ist mit den Tierkreiszeichen der Dreifaltigkeit der Luft verbunden – mit den Zwillingen, der Waage und dem Wassermann – und dem spirituellen Zustand des Menschen.

ASS *der* ZEPTER

Wir sehen einen aufkeimenden Zweig, wie den Stab, der die Bundeslade bewacht; an seiner Spitze befinden sich drei Kreise, die die drei Supernalen des Lebensbaums darstellen, während seine sechs Zweige die sechs Sephiroth und Tage der Erschaffung der Welt darstellen: Chesed, Geburah, Tiphareth, Nezach, Hod und Jesod. Die Kugel am unteren Ende des Zepters steht für die physische Welt und die Sephira Malkuth. Für sich genommen steht dieses Arkanum für die Schöpfung und den Ursprung aller Dinge. Im *Tarot Médiéval* wird es als Symbol dargestellt, das am Himmel erscheint und von Wolken umgeben ist. Es wird mit göttlicher Autorität und mit jeder zivilen Autorität in Verbindung gebracht, die ein göttliches Mandat hat.

Aufrecht: Dieses Arkanum bedeutet den Anfang, den ersten Schritt, eine Bewegung oder eine Schätzung. Es könnte für die Berufswahl herangezogen werden. Seine Bedeutung berührt gleichermaßen den persönlichen Glauben und indirekt die Familie. Auch die Gründung einer Linie oder Nachkommenschaft.

Ungünstig oder umgekehrt: Auf den höheren Ebenen bedeutet es eine Heimsuchung. Dieses Arkanum bedeutet einen Verlust des Schutzes im Schicksal eines Fragenden. Auch das Ende einer Affäre, Entmutigung, ein Fehler oder Irrtum, aber eher psychologischer als materieller Natur.

ZWEI *der* ZEPTER

Die Zwei der Zepter steht in Beziehung zum Widder und ist auf das achte und zweite Haus eingestimmt, die ihre Zahl regieren. Das Symbol der 2 Zepter zeigt zwei Zepter nebeneinander, was auf zwei Autoritäten auf der spirituellen Ebene hinweist. Es ist falsch, sie in einer gekreuzten Position darzustellen.

Aufrecht: Die vorherrschende Bedeutung deutet auf Gleichheit auf höheren Ebenen hin, aber mit der Gefahr von Disharmonie, bewusst oder unbewusst, bei der Versöhnung von Gegensätzen. Auch die Sorge um Reichtum und belastende Verantwortung.

Ungünstig oder umgekehrt: Es deutet auf eine Veränderung im Leben hin, die den Wert der Dinge auf den Kopf stellt; die Reichen, die arm werden, weil sie sich nicht anpassen können, oder die Armen, die reich werden und moralisch verkommen. Auch ein Wunder oder eine Überraschung.

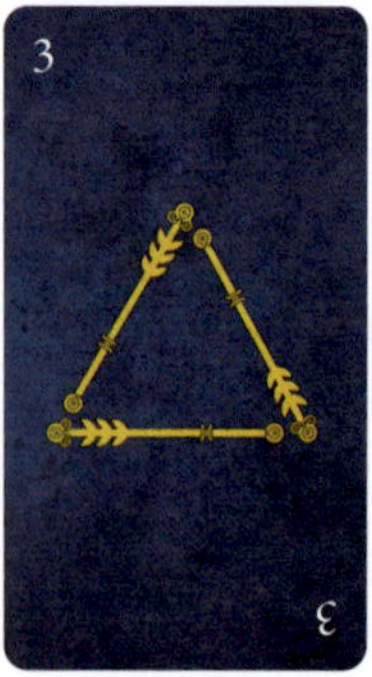

DREI *der* ZEPTER

Die Drei der Zepter wird mit dem neunten und dritten Haus in Verbindung gebracht. Das Symbol zeigt drei Zepter in Form eines gleichseitigen Dreiecks, dessen Bewegung die der Involution und Evolution ist.

Aufrecht: Die übergeordnete Bedeutung steht im Zusammenhang mit Gleichgewicht und göttlicher Manifestation. Auf einer niedrigeren Ebene ist es das Arkanum der Kommunikation, des Transports und der Entdeckungen. Es ist günstig für Geschäftstransaktionen und die Ausweitung von Handel und Gewerbe, auch für Briefe, Schreiben und Korrespondenz.

Ungünstig oder umgekehrt: Unüberlegtes Wagnis, Glücksspiel und ergebnislose Projekte. Auch Unterbrechung, Einstellung, Probleme.

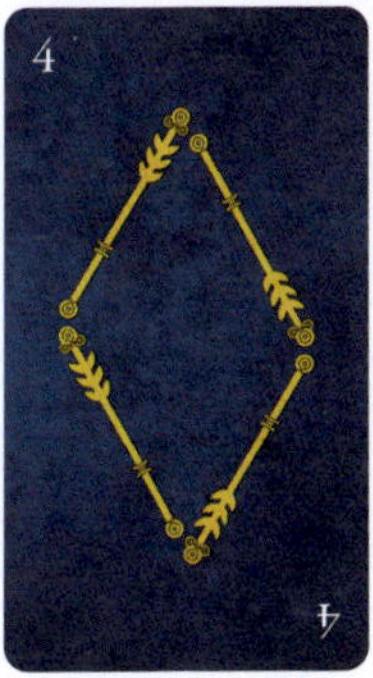

VIER *der* ZEPTER

Die Vier der Zepter wird dem zehnten und vierten Haus zugeordnet. Das Symbol wird nicht als Quadrat, sondern als Raute dargestellt, in der sich eine Ellipse materialisiert.

Aufrecht: Die übergeordnete Bedeutung steht im Zusammenhang mit der Harmonie der Polaritäten auf der irdischen Ebene. Auch günstig für alle Vereinigungen, Gruppen und Bruderschaften. Konsolidierung, Erfolg, Etablierung.

Ungünstig oder umgekehrt: Es bleibt günstig, aber die Vorteile werden verteilt und zerstreut, anstatt auf denjenigen zuzukommen, der sie gewonnen hat. Auch Unsicherheit, Dinge, die auslaufen oder zu einem Ende kommen.

FÜNF *der* ZEPTER

Dieses Arkanum wird wie ein fünfzackiger Stern oder ein Pentagramm mit einem Punkt oben gezeichnet. Es entspricht dem fünften und elften Haus.

Aufrecht: Seine übergeordnete Bedeutung ist Transmutation, auch die Sonne als „der große Magier" unseres Sonnensystems. Außerdem Reichtum, Gold, Geld auf der Bank, Ihre soziale Stellung, gesellschaftlicher Aufstieg, Vergnügen und Vertrauen unter Freunden.

Ungünstig oder umgekehrt: Uneinigkeit unter Freunden, Streit, eine Tendenz zum Stolz. Außerdem triviale Beschäftigungen, Widersprüche und Abhängigkeit von den Ressourcen anderer.

SECHS *der* ZEPTER

Dieses Arkanum entspricht dem sechsten und zwölften Haus in der Astrologie. Die Anordnung dieser Karte variiert in verschiedenen Versionen, aber hier sehen wir das Siegel Salomons mit zwei Dreiecken, die übereinander liegen und einander gegenüberstehen.

Aufrecht: Die vorherrschende Bedeutung dieser Karte ist Dienst; wer gehorcht, kann auch lernen, zu befehlen. Sie weist auf jemanden hin, der Ihnen dient oder in einer untergeordneten Position arbeitet, manchmal auf den Boten und oft auf häusliche Streitigkeiten. Auch auf einen Freund, der Sie unterstützt.

Ungünstig oder umgekehrt: Mangelnde Loyalität oder Ungehorsam und undankbare Arbeit. Auch auf die Unwilligkeit zu dienen, die Überprüfung, wem Sie vertrauen können, ein treuloser Freund.

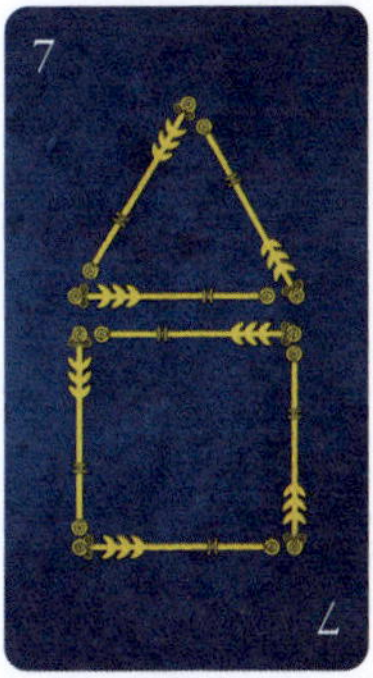

SIEBEN *der* ZEPTER

Dieses Arkanum wird mit dem ersten und siebten Haus verbunden. Das Symbol zeigt ein Dreieck über einem Quadrat, kann aber in verschiedenen Versionen auf unterschiedliche geometrische Weise dargestellt werden.

Aufrecht: Die vorherrschende Bedeutung ist hier die von Harmonie oder Übereinstimmung. Treffen, Gespräche, Sprache, eloquente oder überzeugende Rede. Auch Verhandlung, Austausch, Beratung und Konferenz.

Ungünstig oder umgekehrt: Doppelzüngigkeit, Unsicherheit, Prahlerei, verletzende Worte, Kämpfe und Wettbewerbe. Auch Unentschlossenheit, Ratlosigkeit, Zögern, Schwanken und die Fähigkeit zur Diversifizierung, die Vielseitigkeit der Variation.

ACHT *der* ZEPTER

Dieses Arkanum wird mit dem zweiten und achten Haus in Verbindung gebracht. Das Symbol zeigt zwei Dreiecke, die aus drei Zeptern gebildet werden, von denen eines nach oben und das andere nach unten zeigt. Sie sind durch zwei vertikale Zepter verbunden, die ein Quadrat bilden.

Aufrecht: Die übergeordnete Bedeutung ist die von zwei Strömungen, eine von oben und eine von unten, meist in einem disharmonischen Sinn. Ein aufgedeckter Verrat, die Enthüllung eines Geheimnisses, Überraschung, Vernachlässigung. Auch die Suche nach einem Ort des Friedens, der Ruhe oder der Verbesserung.

Ungünstig oder umgekehrt: Geheime Treffen, Reue, Missverständnisse. Auch: Übertriebene Skrupel, Bedauern, inneres Zögern, Unsicherheit, das Bedürfnis, sich auf einer tiefen Ebene zu verändern.

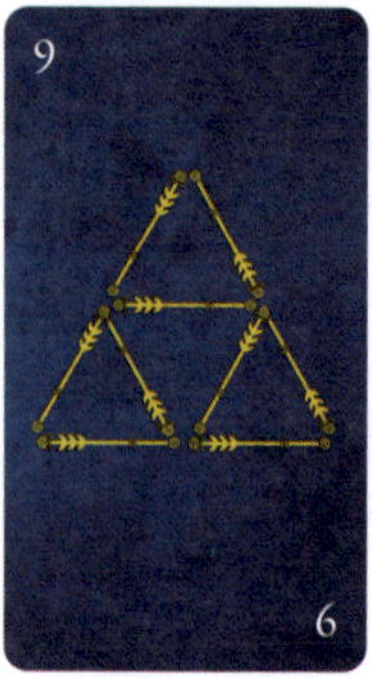

NEUN *der* ZEPTER

Diese Karte wird dem dritten und neunten Haus zugeordnet. Sechs Zepter sind als gleichseitiges, nach oben gerichtetes Dreieck angeordnet: Im Inneren bilden drei Zepter ein nach unten gerichtetes Dreieck: Zusammen ergeben sie vier gleiche Dreiecke.

Aufrecht: Die Hauptbedeutung ist die des Mysteriums oder des unbekannten Propheten. Sie offenbart Träume und Visionen. Auch Unverständnis, Langeweile, Verzögerungen, Ereignisse, die sich verlangsamen, ausgesetzt werden oder sich schwer anfühlen.

Ungünstig oder umgekehrt: Unglück, Exil, Gerücht und Risiko. Auch Hindernisse, Nachteile, Widrigkeiten. Die Schwere der Arbeit, Wiederholungen und Ereignisse, die Ihre Pläne durchkreuzen.

ZEHN *der* ZEPTER

Diese Karte wird dem vierten und zehnten Haus zugeordnet. Die Anordnung dieser Karte zeigt zehn Zepter, deren Griffe zur Mitte und deren Spitzen zur Außenseite eines karmischen Rades zeigen.

Aufrecht: Die Bedeutung ist Karma oder Schicksal. Tod, Trennung, Uneinigkeit und Auswanderung. Von Ereignissen überwältigt werden. Auch Heuchelei, Betrug, Opposition, Verschwörung oder Betrug.

Ungünstig oder umgekehrt: Verrat, Lügen, Ruin. Auch Rückzugsgefecht, von Hindernissen umgeben, von Ereignissen niedergeschlagen. Umgang mit Gegensätzen und Paradoxien. Stolpersteine bewusst wahrnehmen.

PAGE *der* ZEPTER

Der Page der Zepter ist von edler Geburt, aber er muss sich an die bescheidenste Art von Arbeit gewöhnen; er bereitet sich darauf vor, ein Ritter zu werden, nicht nur ein Krieger, sondern auch ein Gentleman. Als Page muss er gleichzeitig Diener, Vertrauter, Freund, Bote und Knappe sein. Im *Tarot Médiéval* ist der Page der Zepter ein junger Mann mit ernstem Gesicht, der schnell über die Erde geht und in seiner linken Hand eine Pergamentrolle trägt – einen Brief oder eine Proklamation. Trotz seiner Jugend erweckt der Page den Eindruck, ein Apostel oder ein Bote inspirierender Nachrichten zu sein, der sich seiner Mission bewusst ist. In seiner rechten Hand hält er einen Stab mit einem Kleeblatt. Er ist auf das dritte Haus, das Haus der Intelligenz, in der Astrologie abgestimmt. Dieses Haus herrscht über Reisen, Post, Nachrichten, Zeitungen, Ankündigungen, die mit der Aufgabe des Pagen der Zepter übereinstimmen. Er steht auch in Verbindung mit den Zwillingen, dem regierenden Zeichen des Merkur auf den unteren Ebenen und mit Hermes auf der höheren Ebene. Seine Verbindungen mit dem zwölften Haus weisen auf esoterische Rituale hin.

Aufrecht: In erster Linie bedeutet dies einen Boten oder eine spirituelle Botschaft, einen Untergebenen oder einen nahen Verwandten, der noch ein Jugendlicher ist. Auch eine Botschaft, ein Brief, eine Nachricht oder ein Ratschlag – mit der Betonung auf dem Boten oder der Art und Weise, wie die Botschaft empfangen wird, nicht auf ihrem Inhalt.

Ungünstig oder umgekehrt: Traditionell schlechte Nachrichten, Verluste, sogar Ruin. Dies mag für das Arkanum der Luft zu kategorisch sein, und es wird wahrheitsgetreuer sein, diese Karte als Indikator für Unentschlossenheit, Zögern, widersprüchliche Nachrichten oder einen Mangel an praktischer Motivation in einer Zeit der Notwendigkeit zu betrachten.

RITTER *der* ZEPTER

Das Pferd des Ritters der Zepter galoppiert schnell und vermittelt den Eindruck eines heftigen Windes, dessen Atem die ganze Welt durchdringt. Die Geschwindigkeit und ideale Kraft finden sich in der Bewegung dieses Ritters. Auf seinem Schild und in seiner rechten Hand sehen wir das Bild des Zepters, dargestellt als ein sechszweigiger Stiel mit einer Blume aus drei Blütenblättern: Der Stiel steht für die sechs Sephiroth Chesed , Geburah, Tiphareth, Nezach, Hod und Jesod, mit dem siebten Sephira Malkuth an seiner Basis, während die Blume selbst die drei Supernalen von Kether, Chokmah und Binah darstellt.

Die übergeordnete Bedeutung dieses Arkanums ist die Notwendigkeit, auf höheren Ebenen aktiv zu werden, für uns selbst, für diejenigen, die wir lieben, oder für unsere Freunde. Die Eile des Ritters deutet auf den schnellen Lauf der Zeit hin und auf die Notwendigkeit, jede Gelegenheit zu ergreifen, um Gutes zu tun. Der Ritter der Zepter ist auf das elfte Haus eingestimmt, das von der Waage regiert wird, dem Zeichen der Luft, das uns befiehlt, die Wünsche zu wählen, die uns erheben, und die Ambitionen zu nähren, die uns verfeinern. Es ist klar, dass diese Wünsche und Ambitionen nicht materiell sein können, denn der Ritter der Zepter, der dem Tempel der Zepter angehört, handelt auf der ideellen Ebene.

Dieses Arkanum deutet auf eine aktive Handlung hin, nicht nur auf eine latente Kraft. Aus diesem Grund ist es eine Karte großer Veränderungen, insbesondere in Bezug auf andere Menschen. Bei der Frage nach einer neuen geschäftlichen oder kommerziellen Verbindung wird der Ritter der Zepter nicht immer als ein wunderbares Omen akzeptiert, da sein geflügeltes Pferd Pegasus bei einer sehr materiellen Transaktion nicht wie ein Lasttier oder ein Zugtier behandelt werden kann. Bei der Weissagung über neue Freunde muss sorgfältig abgewogen werden, ob diese mit dem Charakter des Ritters der Zepter übereinstimmen, denn er ist immer bereit, angesichts einer Beleidigung zur Lanze zu greifen: Für ihn könnte alles, was auf eine niedere Handlung hindeutet oder offensichtlich materieller Natur ist, eine Beleidigung darstellen.

Aufrecht: Bei einer Beratung zu einer materiellen Frage ist der Ritter der Zepter nicht immer ein günstiges Zeichen, da der Fragesteller eine Ansicht vertreten wird, die nicht mit seinen Partnern geteilt wird. Wenn diese Wünsche oder Ambitionen egozentrisch sind, ist ein Streit vorprogrammiert. Streitlustig, idealistisch.

Ungünstig oder umgekehrt: Dieses Arkanum ist ein sehr schlechtes Zeichen, da sie auf den höchsten Ebenen ein Hinweis auf wilde Impulse, weltfremde Projekte, unvorhergesehene Aggressionen und ungerechtfertigte Gründe für Missverständnisse ist. Außerdem bedeutet diese Karte unerfüllbare Hoffnungen, vergebliche Kämpfe und Pläne, die außerhalb der Möglichkeiten des Fragestellers liegen,

KÖNIGIN *der* ZEPTER

König und die Königin teilen sich die Herrschaft über das Kardinalzeichen und die Spitze des Dreiecks ihrer Dreifachheit. Die Zepterkönigin steht; in ihrer rechten Hand hält sie ein Zepter, wie das des Königs, aber sie ist jung und anmutig, und sie schreitet mit leichtem Schritt in ein Land der Träume. Die Spiritualität des Königs wird durch die würdige Annahme schwerer Prüfungen erworben, aber die der Königin der Zepter ist stärker mit der Natur verbunden. Die Königin der Zepter steht für platonische Liebe, aber nur wenige Autoren geben genau wieder, was Platon damit eigentlich meinte. In Platons Symposium spricht Aristophanes über die Liebe wie folgt: „Die Seele eines jeden Liebenden dürstet nach etwas, das nicht beschrieben werden kann, und erahnt und verfolgt die Spuren seines dunklen Verlangens. Wenn Vulcanus zu diesen beiden Seelen sagt: „Meine Kinder, sehnt ihr euch nicht nach engster Vereinigung und Harmonie, damit ihr niemals durch Tag und Nacht getrennt seid? Wenn ja, dann werde ich eure Seelen vereinen, damit ihr ineinander eins seid. Ist das wirklich euer Wunsch? Werden Sie glücklich sein, wenn ich das tue? Wir alle wissen, dass jede würdige Person dieses Angebot annehmen und darum bitten würde, auf harmonische Weise mit ihrem anderen Teil innig vermischt zu werden, damit die beiden Seelen wie eine einzige sein könnten." Diese innere Harmonie ist die wahre Bedeutung der

„platonischen Liebe".[12] Die Königin der Zepter wird mit Inspiration, Musik, den Künsten und mit der Stimme des eigenen Gewissens in Verbindung gebracht. Sie deutet auf „den Heiligen Geist in uns" hin.

Aufrecht: Die Hauptbedeutung dieser Karte ist die einer ehrenwerten Frau, der Herrin eines makellosen Hauses, manchmal schroff und autoritär, sie erwartet Gehorsam. Wenn es um materielle Fragen geht, deutet sie auf Stabilität hin. Der Berater wird gute Ratschläge erhalten, vielleicht auf frustrierende Weise, aber Ratschläge, die befolgt werden sollten. Wenn der Berater ein Mann ist, ist diese Karte günstig für die Ehe. Sie ist ein schlechtes Omen für Täuschungen, Intrigen oder Verschwörungen, denn sie steht für Ehrlichkeit.
Ungünstig oder umgekehrt: Tendenz, auf schlechten Rat zu hören, wackelige Projekte zu starten, zu viel Vertrauen in Opportunismus zu haben, mangelnde Bereitschaft, gemäß der besten Seite des Charakters zu handeln, in dem Glauben, dass eine Lüge eine Stütze sein wird. Außerdem: Hindernisse, Widerstand, Opposition.

KÖNIG *der* ZEPTER

Der König der Zepter ist die erste Karte der kleinen Arkana, die direkt auf die großen folgt. Die fortlaufende Nummer wäre 23. Diese Karte wird mit dem Sternzeichen Waage und dem siebten Haus des Horoskops in Verbindung gebracht. Wir sehen einen gekrönten König, der auf einem Thron sitzt und in seiner linken Hand ein Zepter hält, das den Stab des Amtes und das Kleeblatt der Farbe der Keulen symbolisiert. Er ist älter und sein Gesicht ist das eines Asketen.

Die Hauptbedeutung dieses Arkanums ist spirituelle Souveränität oder die hohen Ebenen des Intellektuellen, die intuitiv werden können. Bei der höchsten Art der Weissagung ist der König der Zepter für alle Fragen der spirituellen Selbstkontrolle und alle idealen Ambitionen günstig. Dieses Arkanum ist auch für Partnerschaften günstig, insbesondere mit einer älteren oder erfahreneren Person.

Tarot-Studenten müssen gewarnt werden, dass einige falsche Auffassungen des Wortes „Zepter“ diesen ganzen Tempel der Zepter einer materiellen Ebene zuordnen. Bei der Wahrsagerei besteht immer die Tendenz, sich an die materiellsten Bedeutungen zu klammern, aber wir dürfen die höheren Bedeutungen nicht aus den Augen verlieren.

Nach der traditionellen Weissagung stellt dieses Arkanum den Vater dar, nicht nur als Meister oder Weiser in seiner Lehre oder als König auf seinem Thron, sondern auch als verantwortungsbewusster Familienvater. In früheren Zeiten wurde diese Karte als Herr eines Anwesens, als adliger Landbesitzer oder als Gutsbesitzer interpretiert. Der Adel der Arbeit wird selbst dem einfachsten Arbeiter zuteil, aber die Würde der Arbeit geht verloren, wenn Angestellte missbraucht werden.

Aufrecht: Diese Karte steht für Ehrlichkeit, wenn auch von einer rustikalen oder ungekünstelten Art. Tricks führen nicht immer zum Erfolg oder können nicht lange aufrechterhalten werden, aber Ehrlichkeit, Ausdauer und persönliche, kontinuierliche Arbeit bleiben der wahre Weg zum Erfolg. Ein Faulpelz wird zum Parasiten, aber das ist die Grenze seiner Kräfte. Wenn der Berater eine Frau ist und die Frage die Ehe oder Beziehung betrifft, ist die Antwort positiv.

Ungünstig oder umgekehrt: Strenge Gerechtigkeit, ein Vater, der zu hart zu seinen Kindern ist. Auch in ungünstigen Kombinationen deutet dies darauf hin, dass Redlichkeit und Ehrlichkeit beeinträchtigt sind oder dass der Berater versucht, sich selbst von seinem eigenen Urteil zu überzeugen.

DER TEMPEL *der* SCHWERTER

REGION DER DREIFACHHEIT DES FEUERS

Dieser Tempel ist der der Schwerter oder der Pik-Farbe. Das Schwert deutet auf das hin, was die Seraphim nach dem Sündenfall hielten, als sie den Eingang zum irdischen Paradies bewachten. Das Schwert ist ein Symbol des Ritters, dem seine Pflicht am wichtigsten ist, für den Schutz der Schwachen und die Hilfe für die Bedrängten. Das Emblem der Spielkartenfarbe Pik ist das des Entermessers oder Kurzschwerts aus alten Zeiten, während die Klinge im *Tarot Médiéval* länger ist. Die Schwerter werden mit der dreifachen Feuerkraft von Widder, Löwe und Schütze und dem mentalen Zustand des Menschen in Verbindung gebracht.

ASS *der* SCHWERTER

Wir sehen ein Schwert mit aufrechter Spitze; die Klinge endet in drei Kurven. Als Symbol des Rittertums wird das Ass der Schwerter normalerweise als Degen dargestellt, mit einer Krone über der Spitze. Dieses Schwert steht für Ehre, nicht für Kampf.

Aufrecht: Dieses Arkanum bedeutet Schutz, aber auch Rache. Leidenschaft, Exzess und der Wille zum Handeln; Autorität, Ausdauer und Gerechtigkeit. Auch das Ausreizen von Extremen, die intensive Beschäftigung mit Dingen.

Ungünstig oder umgekehrt: Je nach Art der Frage des Fragestellers kann dies auf Bestrafung oder den Einsatz brutaler und gewalttätiger Methoden hinweisen. Gewinne oder Geld mit diesem umgekehrten Arkanum sind niemals von Dauer. Auch Schwangerschaft, Empfängnis und Fruchtbarkeit.

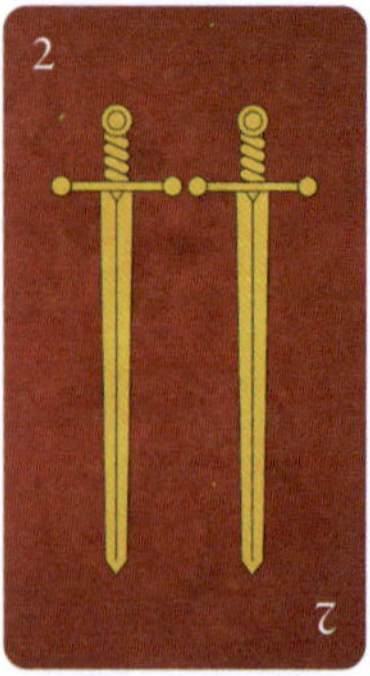

ZWEI *der* SCHWERTER

Die Zwei der Schwerter ist auf das zweite Haus und auf den Widder abgestimmt. Die Karte zeigt zwei Schwerter in ihren Scheiden, die nebeneinander stehen. Die Symbolik der gekreuzten Schwerter ist falsch, da der Charakter dieser Karte eher der gegenseitigen Unterstützung entspricht.

Aufrecht: Die überlegene Bedeutung dieses Arkanums ist gegenseitige Verbindung und Unterstützung, berufliche Freundschaft.

Diese Karte hat nicht die sentimentale Partnerschaft der 2 der Kelche noch die geschäftlichen Verbindungen der 2 der Schekel, sondern bedeutet vielmehr Freundschaft, Brüderlichkeit, politische Unterstützung, Verbundenheit und Hilfe für die Schwachen.

Ungünstig oder umgekehrt: Hilfe verweigert, Widerstand der Familie und eine Person, die der Freundschaft nicht würdig ist, mangelndes Taktgefühl. Böswilligkeit, Täuschung, Falschheit und kalkulierte Täuschung. Oberflächliche oder unverbindliche Beziehung.

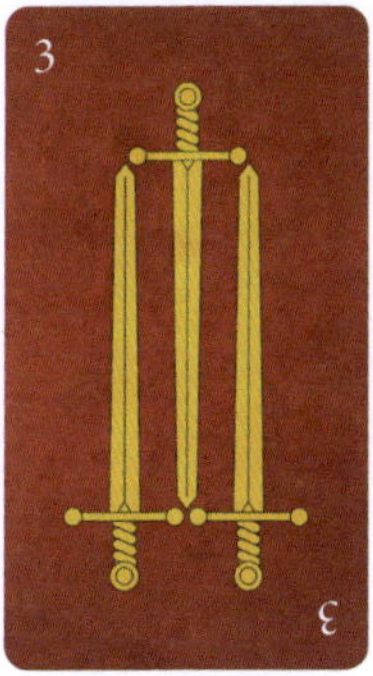

DREI *der* SCHWERTER

Die Karte zeigt ein zentrales Schwert, das nach unten zeigt, und zwei gegenüberliegende Schwerter, die nach oben zeigen. Sie wird mit dem dritten Haus in Verbindung gebracht.

Aufrecht: Die überlegene Bedeutung deutet auf einen Mangel an Voraussicht und den Widerstand des Schicksals gegen die Erfüllung Ihrer Wünsche und Hoffnungen hin. Außerdem auf eine Trennung, einen Abschied, schlechte Nachrichten, Pech, eine Unterbrechung von Plänen, Distanz, Trennung und Spaltung.

Ungünstig oder umgekehrt: Ein Skandal, eine Unterbrechung der Gewohnheiten oder des Alltags, Exil oder ein einsames Leben. Verwirrung, Demenz, Ablenkung, Fehlkalkulation, Zerstreuung. Auch Verlust, Fehler, Entgleisung oder Verzögerung.

VIER *der* SCHWERTER

Dieses Arkanum ist dem vierten Haus zugeordnet. Die Vier der Schwerter ist so angeordnet, dass ihre Knäufe ein Parallelogramm und ihre gekreuzten Spitzen ein Quadrat bilden. Zwei gekreuzte Schwerter oben und zwei unten.

Aufrecht: Die vorherrschende Bedeutung berührt alle Arten von Einsamkeit oder Meditation, Ruhe, Leichtigkeit nach Kummer. Auch Sorgfalt, weises Verhalten und Voraussicht sowie Mitgefühl, Besonnenheit und Rückzug.

Ungünstig oder umgekehrt: Vernachlässigung, Aufgabe, Verzicht auf Dinge, Rückzug aus dem täglichen Leben oder üblichen Angelegenheiten. Ergreifen notwendiger Vorsichtsmaßnahmen, gute Wirtschaftlichkeit und vernünftige Zurückhaltung. Auch Harmonie, Musik, Mäßigung.

FÜNF *der* SCHWERTER

Die Fünf nimmt mit dem umgekehrten Pentagramm die Form der schwarzen Magie an Im Allgemeinen nehmen die Schwerter die Form von Dolchen an: ein sehr unheilvolles Zeichen.

Aufrecht: Die vorherrschende Bedeutung ist eine schwarze Transmutation, bei der sich gewöhnliche Dinge zu Ihrem Nachteil entwickeln. Dies kann ein tragischer Eingriff, ein Zustand der Qual, ein Gefühl der Isolation oder eine Reihe von Herausforderungen sein. Auch aktive Bedrohung, ein Skandal, Schande, Ruin.

Ungünstig oder umgekehrt: Witwenschaft, eine Beerdigung, ein Begräbnis, mit Verlust leben, Trauer. Kummer, Bedrängnis, Enttäuschung und Ruhestand. Auch Vorurteil, abgegrenzt oder beiseitegeschoben.

SECHS *der* SCHWERTER

Die Sechs der Schwerter ist ausschließlich auf das sechste Haus abgestimmt. Das Design zeigt die Schwerter, die versuchen, im Gleichgewicht zu sein, drei Schwerter mit Griffen nach oben und drei Schwerter mit Griffen nach unten. Gekreuzte Schwerter sind falsch.

Aufrecht: Die übergeordnete Bedeutung ist das Gleichgewicht zwischen Geistigem und Materiellem. In der Wahrsagerei zeigt sich diese Karte als Weg oder Mittel, als Straße oder Ansatz, als Gefühl, als unbekanntes Ende, als Botschaft oder Nachricht. Auch als Kurs, Beispiel oder inszeniertes Bildungsprogramm.

Ungünstig oder umgekehrt: Denunziation, Enthüllung, eine Entdeckung, dass etwas nicht stimmt, oder ein Geständnis. Auch eine Erklärung, Charta, Verfassung oder Volkszählung sowie eine Entdeckung, Forschung oder Vision, die das Unbekannte klärt.

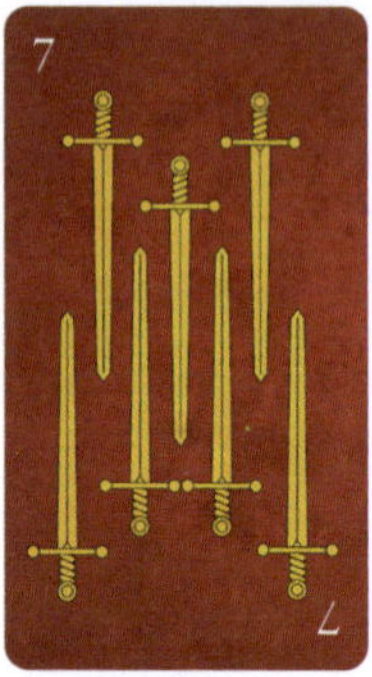

SIEBEN *der* SCHWERTER

Die Sieben der Schwerter wird mit dem siebten Haus in Verbindung gebracht. Die Schwerter werden senkrecht stehend dargestellt, drei oben mit der Spitze nach unten und vier unten mit der Spitze nach oben.

Aufrecht: Die übergeordnete Bedeutung ist die Vereinigung zweier Polaritäten für eine positive Handlung, Freunde helfen, Partner koordinieren. In der Wahrsagerei wird es oft als Hinweis auf Hoffnung und die Koordination oder Organisation eines Projekts gedeutet. Auch Erwartung, Bestreben oder Plan.

Ungünstig oder umgekehrt: Schlechter Rat, Tadel, Kritik, Gegner finden Ihre Schwachstelle. Auch eine Beratung, das Einholen von Ratschlägen, kluge Überlegungen.

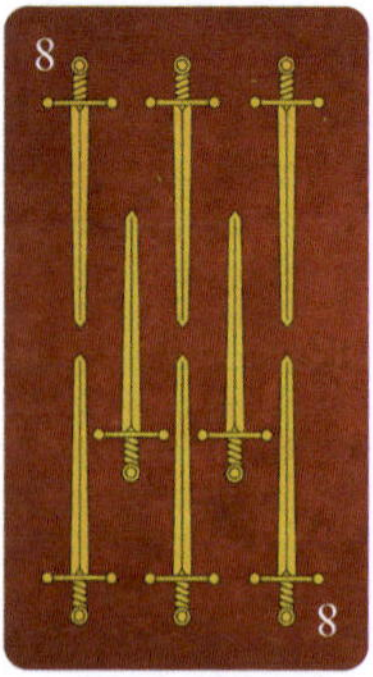

ACHT *der* SCHWERTER

Dieses Arkanum ist ausschließlich mit dem achten Haus verbunden. Die Schwerter werden in drei Linien dargestellt, die aus drei Schwerterpaaren bestehen, deren Spitzen sich treffen, wobei zwischen den drei Linien zwei einzelne Schwerter nach oben zeigen.

Aufrecht: Die Hauptbedeutung sind die Herausforderungen der Seele und wie sie die Prüfungen und das Härten des Lebens durchläuft. Diese Karte gilt als das Arkanum der Kritik und des Urteils, der Schuldzuweisung und der Verachtung. Auch Kritik, Tadel oder Schuldzuweisung.

Ungünstig oder umgekehrt: Unsichtbares Unglück und Schande, mangelnde Aufmerksamkeit für Details. Auch das Unbewusste von Opposition, Hindernissen oder Ereignissen. Unvorhergesehene Ereignisse.

NEUN *der* SCHWERTER

Dieses Arkanum steht ausschließlich in Verbindung mit dem neunten Haus. Die Symbolik zeigt ein großes Schwert, um das herum acht kleinere Schwerter angeordnet sind: vier oben und vier unten, die in paarweise auf die Mitte des größeren Schwertes zeigen.

Aufrecht: Die übergeordnete Bedeutung ist eine der letzten Stufen der Einweihung. Ein Kleriker oder kirchliche Angelegenheiten, Religion, Zeremonie, Ritual. Auch Albträume oder warnende Träume, Hingabe.

Ungünstig oder umgekehrt: Gotteslästerung, moralische Laxheit, von Omen und Zeichen heimgesucht. Begründetes Misstrauen, Ängste und Vermutungen, die sich manifestieren, Zweifel, die fortbestehen.

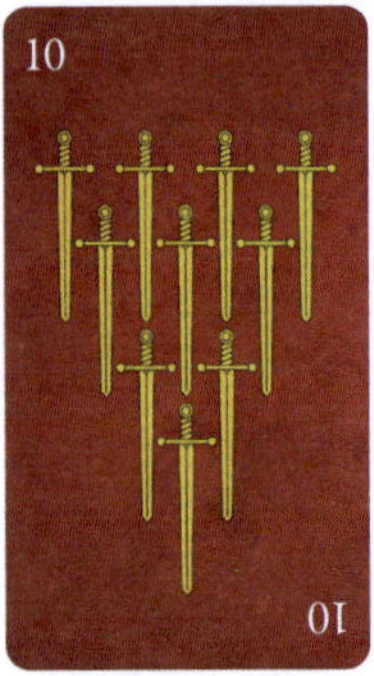

ZEHN *der* SCHWERTER

Diese Karte ist dem zehnten Haus zugeordnet. Sie zeigt ein Dreieck aus zehn Schwertern mit den Spitzen nach unten, vier oben, drei darunter, dann zwei und zuletzt ein einzelnes Schwert unten, was die Schwere dieser Karte am besten zum Ausdruck bringt.

Aufrecht: Die Hauptbedeutung ist spiritueller Schutz oder extreme Bestrafung. Aus diesem Grund wird die Karte oft als Leid und manchmal als Erhebung interpretiert. Not, Tränen, Bankrott. Auch Schmerz und Traurigkeit.

Ungünstig oder umgekehrt: Verluste werden zu Gewinnen, Tod in einem Zustand der Gnade, ein gnädiges Ende, Ruhestand nach langer Leistung. Auch Vorteil, die Gnade, Dinge zu ändern, und Usurpation.

PAGE *der* SCHWERTER

Der Page der Schwerter steht im Einklang mit dem Sternzeichen Schütze und dem neunten Haus. Er wird als junger Mann in einem Kettenhemd und einer roten Tunika dargestellt. Er schreitet in die Dunkelheit einer Höhle, eine Fackel in der linken Hand und ein gezogenes Schwert in der rechten. Vor ihm liegt ein Schädel; in der Dunkelheit sind mehrere Knochen eines Skeletts zu sehen. Er schreitet langsam, aber ohne Zögern voran; die Atmosphäre erinnert an die Verliese einer Festung, die im Sturm erobert wurde, wo die Gefangenen sich ihrer Befreiung durch die Hand des Pagen bewusst sind.

Diese Karte handelt von subjektivem Denken, das zur Objektivität führt. Dies kann auf den Reformer, den Missionar und den Befreier angewendet werden. Hier gibt es eine spirituelle Energie, aber auch ein Verständnis für die Notwendigkeit, gegen Unwissenheit und Schatten zu kämpfen. Es ist gut, dass es solche Tapferkeit gibt, denn Klugheit ist eine notwendige Eigenschaft bei großen mentalen Abenteuern im spirituellen Bereich.

Aufrecht: Wir sehen Optimismus, Enthusiasmus, persönliche Tapferkeit und Ausdauer. Diese Bedeutungen zeigen uns den Entdecker, den Pionier, den Reisenden, den Beobachter, den Vermittler. Ein Test, ein Plan. Ein Prophet, ein Prediger, eine gelehrte Person und jemand, der bereit ist, zu experimentieren und Dinge auszuprobieren.

Ungünstig oder umgekehrt: Ein Verräter oder Spion. Eine profane oder gottlose Person. Ein Verbrecher. Stolz, zu viel Selbstvertrauen. Das Böse wagen, die Sicherheit anderer riskieren. Auch die Fähigkeit, spontan zu sprechen oder zu komponieren.

RITTER *der* SCHWERTER

Der Ritter der Schwerter wird mit dem fünften Haus in Verbindung gebracht. Im *Tarot Médiéval* wird er auf einem galoppierenden Pferd dargestellt, aber ein Galopp, der durch die Zügel des Ritters gut kontrolliert wird. Das Pferd ist vollständig unter der Herrschaft desjenigen, der es reitet. Selbstbeherrschung kann Begeisterung nicht verhindern. Mehr noch als der König sollte der Ritter der Schwerter ein wahrer Ritter sein, ehrfürchtig gegenüber seinem Gott, loyal gegenüber seinem König, seines Landes würdig, seiner Liebe treu, gerecht, stolz, mutig, ohne Furcht und Tadel. Im mentalen Bereich und insbesondere auf den höchsten Ebenen muss er wissen, wie er das Richtige und die Wahrheit erkennen oder finden kann. Er muss offen und ehrlich sprechen, er muss das Gute unterstützen, damit er den Unterdrückten helfen kann, und er muss eigenständig handeln, den Mut haben, zu seinen Überzeugungen zu stehen, und ohne von einer Bruderschaft oder einer Gruppe abhängig zu sein. Er muss um jeden Preis für das kämpfen, was gerecht und ehrenhaft ist; er muss der Feind sein, der sich gegen Betrug, Lügen und Korruption stellt.

Es ist wichtig, dass er bereit ist, meisterhaft oder unter Anleitung zu handeln, denn die Dreifachheit des Feuers ist in mentaler Übereinstimmung und wenn das Gute sein Wegweiser ist, kann er anderen ohne falschen Stolz oder anmaßende Ziele helfen. Wir verlangen von ihm keine Subtilität und Diplomatie, sondern Ehre, Mut und Eifer. Die Bedeutungen spiegeln sehr stark den Geist des Mittelalters wider, in dem der Duellant oder Bravo mit dem Soldaten vermischt ist.

Aufrecht: Zu den wahren Bedeutungen gehören alle Personen, die einen militärischen Beruf ausüben, ein Krieger, Soldat oder sogar ein Bandit. Krieg, Duell, Schlägerei oder Streit. Wunde oder Unfall. Mut, Geschicklichkeit, Begeisterung, Gewalt. Opposition, Widerstand, Verteidigung. Auch ein Spion oder Ermittler.

Ungünstig oder umgekehrt: Ein gewalttätiger Charakter, bestialisch oder dumm. Unbeholfen und tölpelhaft, ein Mann aus dem Fußvolk oder im Herzen der Bande. Ein Eiferer oder Fanatiker. Verschwendung, Eitelkeit, Dummheit. Ein versteckter Mörder, Raubgier und Feigheit. Ein Bürgerwehrmann. Auch das Unerwartete und die Fähigkeit, spontan und ohne Vorbereitung zu sprechen.

KÖNIGIN *der* SCHWERTER

Der König und die Königin stehen unter dem Kardinalzeichen ihrer zugehörigen Dreifachheit, dem Feuer, dem Zeichen des Widders, und dem ersten Haus. Gewöhnlich gehören sowohl die Autorität als auch die rechtliche Entscheidung zur männlichen Polarität, aber wenn die Umstände eine Frau dazu zwingen, die Führung zu übernehmen, kann sie härter, strenger und oft grausamer sein als ein Mann. Auf dem Baum der Erkenntnis von Gut und Böse ist die weibliche Säule die der Strenge, während die männliche Säule die der Barmherzigkeit ist. Die Assoziation von Barmherzigkeit mit der weiblichen Polarität ist falsch.

Im *Tarot Médiéval* finden wir den Ausdruck dieser Autorität, die einer Frau durch widrige Umstände aufgezwungen wird. Eine traurige Königin in einem Kettenhemd steht auf den Wällen ihrer Burg. Sie trägt ihren Schild und ihr Schwert in der Scheide. Sie ist die Schlossherrin, eine Witwe oder gezwungen, ihre Burg gegen Eindringlinge zu verteidigen, da ihr Ehemann sich in fernen Ländern aufhält. Die mentale Dreifachbegabung, zu der sie gehört, zeigt an, dass die Frau bereit ist, ihren Haushalt zu verteidigen, wenn er in Gefahr ist, und dass sie ihren Mut, ihre Intuition und ihren festen Willen entwickelt und oft die wahre Inspiration für den Sieg ist. Wenn eine Frau im mentalen Bereich des kreativen Denkens, des Idealismus und der Begeisterung arbeitet, kann sie viel erreichen. Wenn sie selbst keiner künstlerischen Berufung folgt, ist Inspiration ihre besondere Gabe, die in schwierigen Zeiten und bei Depressionen die beste Stütze für ihre Familie ist.

Aufrecht: Wenn die Beratung für einen Mann ist, deutet dieses Arkanum auf Gefahren hin, die sich aus Eifersucht oder dem Hass einer Frau ergeben. Für eine Beraterin kann es Verlassenheit, Trennung,

Aufgabe offenbaren, was es für sie zu einer Notwendigkeit macht, ihr Leben aus eigener Kraft oder durch ihren eigenen Mut zu gestalten. Im Allgemeinen kann es auf Witwenschaft, Scheidung, Unfruchtbarkeit oder eheliche Vernachlässigung hinweisen.

Ungünstig oder umgekehrt: Für einen Mann – die Rache einer Frau, oft motiviert durch Beleidigung; für eine Frau – die Boshaftigkeit anderer Frauen, mit schwerwiegenden Folgen. Bigotterie, Heuchelei und schlechte Ratschläge gehören ebenfalls zum Bild dieses Arkanums. Außerdem die Fähigkeit, mit Finesse zu arbeiten, die Macht, Bigotterie zu überwinden und unabhängig zu sein.

KÖNIG *der* SCHWERTER

Der Tempel der Schwerter ist sowohl in astrologischer als auch in psychologischer Hinsicht auf die Feuer-Triplizität abgestimmt, auf den Geist. Der Schwertkönig ist die dominierende Karte der vier Figuren im Schwerttempel, der dem Zeichen des Widders und dem ersten Haus des Horoskops untersteht. Im *Tarot Médiéval* zeigt die Symbolik einen König, gekrönt mit einem Stahlhelm, in einem Kettenhemd, der in der rechten Hand ein Schwert und in der linken Hand ein Zepter hält. Er sitzt auf einem einfachen Thron. Wie alle Personen im Zeptertempel in einem ätherischen Blau dargestellt sind, so sind alle Personen im Schwerttempel in Rot, der Farbe des Feuers, dargestellt. Der König regiert im Zeichen des Widders, aber auch im Zeichen des Löwen, dem zweiten der Feuerzeichen, die auf sein Gewand gestickt sind, und er ist der einzige König mit einem Paar Sporen, dem Emblem des Schützen, dem dritten der Feuerzeichen.

Der König der Schwerter steht für die Entwicklung der wahren Persönlichkeit, die bewusst entwickelt wird. Er herrscht über die

Entscheidungskraft, die Willenskraft, sowohl über die Leidenschaft als auch über das Handeln. Er handelt praktischer als der König der Zepter und greift direkter in das Weltgeschehen ein. Seine Entscheidungen sind manchmal voreilig, unklug und gewagt, aber selbst seine Fehler führen zu einem guten Ergebnis.

Aufrecht: Lange Zeit hatte dieses Arkanum die Bedeutung einer militärischen Karriere oder eines öffentlichen Amtes. Mit der Autorität der Gerechtigkeit ist der König das oberste Berufungsgericht. Anstelle des Soldaten und des Anwalts sollten wir hier den General und den Richter sehen. Nach einigen Überlieferungen steht dieses Arkanum für die Prinzipien in einem Rechtsfall. Die Bedeutung wird sein, dass das Recht selbst der Gewinner sein wird, mehr noch als der Berater. Außerdem ein Gutachter, ein Fachmann, ein Arzt oder ein Rechtsbeistand.

Ungünstig oder umgekehrt: Der Überlieferung nach zeigt diese umgedrehte Arkanum einen Mann, der dem Berater schadet; in einem Rechtsfall deutet er auf ein ungünstiges Urteil hin. Wenn andere Karten in der Lesung weniger günstig und besonders schädlich sind, schreiben wir ihnen die Bedeutung böser Absichten, Bösartigkeit, Grausamkeit und krimineller Aktivitäten zu. Außerdem kriminelle Handlungen, Grausamkeit, Gräueltaten, Unmenschlichkeit.

DER TEMPEL DER KELCHE

Die Kelche sind auf die Dreifaltigkeit des Wassers, bestehend aus Krebs, Skorpion und Fische, und auf den emotionalen Zustand des Menschen abgestimmt. Menschliche Emotionen decken ein breites Spektrum an Ausdrucksformen ab: Freude und Trauer, Stolz und Demut, Dienst und Prahlerei, Liebe und Hass usw. Kelche sind nicht nur auf die materiellen Emotionen der familiären Zuneigung oder der körperlichen Liebe beschränkt. Der Tempel der Kelche berührt auch die höheren Emotionen. Das Symbol für den dritten Tempel ist der Kelch oder die Schale. Er besteht aus drei Teilen, die die drei Ebenen symbolisieren: die Basis der Emotionen, der Stiel der mentalen Ebene und die Schale der spirituellen Ebene. Die Schale der Kelche ist rund, der Stiel achteckig und der Fuß hat sechs Seiten. Seine Form ist der des Bechers vorzuziehen, da diese Form auf die drei Ebenen angewendet werden kann. Ihn als Becher oder Trinkglas darzustellen, bedeutet, seine überlegene Bedeutung für diesen Tempel nicht zu kennen.

ASS *der* KELCHE

Im *Tarot Mediéval* steht der Kelch für den Kelch des Heiligen Grals oder den Abendmahlskelch. Wir müssen jede Kelchkarte nach ihrer Anwendung auf den Ebenen beurteilen: Auf der emotionalen Ebene bedeutet das Ass der Kelche die fleischlichen Begierden zwischen zwei Menschen; auf der mentalen Ebene die Zärtlichkeit der Liebeshöfe und der gegenseitigen Inspiration und Übereinstimmung zwischen zwei Seelen auf der spirituellen Ebene. Wir sehen einen Kelch, über den der Geist des göttlichen Lichts, die Taube des Heiligen Geistes, herabsteigt, um den Wein und das Leben im Kelch zu weihen.

Aufrecht: Dieses Arkanum bedeutet Überfluss, das Herabkommen emotionaler Kräfte, inspirierend und vergeistigend. Auf einer niedrigeren Ebene kann die Interpretation ein freudiges Ereignis oder eine angenehme Zeit sein. Auch Hingabe, Fortbestand und Beständigkeit.

Ungünstig oder umgekehrt: Eine Veränderung, Untreue, Müdigkeit, ein Missverständnis und eine falsche Lehre. Auch Veränderung, Variation, Vielfalt, Umkehrung oder Übersetzung, Metamorphose.

ZWEI *der* KELCHE

Der Tempel der Kelche ist auf das Zeichen Krebs und auf das vierte und fünfte Haus abgestimmt. Das Symbol zeigt zwei Kelche nebeneinander, die die beiden Polaritäten darstellen. Einer alten Tradition zufolge enthalten die Kelche das Reine und das Unreine, dieses Arkanum besitzt die Bedeutung der Wahl.

Aufrecht: Die übergeordnete Bedeutung ist Liebe, insbesondere himmlische Liebe oder erhabene Liebe. In aufrechter Position bedeutet dieses Arkanum eine Einladung, ein Fest, Überfluss und Treue. Auch eine liebevolle Freundschaft, Anziehung oder Affinität.

Ungünstig oder umgekehrt: Eine ungünstige Veränderung, Untreue oder Irritation. Auch Sehnsucht, Lust, Verlangen, Sinnlichkeit, Appetit, Leidenschaft oder eine Beziehung, in der einer dominanter ist.

DREI *der* KELCHE

Die Karte zeigt uns drei Tassen, die in Form eines Dreiecks angeordnet sind, eine oben und zwei unten. Sie wird dem sechsten und dritten Haus zugeordnet.

Aufrecht: Die übergeordnete Bedeutung ist emotionale und spirituelle Entwicklung, verbunden mit Intelligenz und Geist. Auch Erfolg, Sieg, Glück, Liebe, die erfüllt, Genesung nach Krankheit.

Ungünstig oder umgekehrt: Das Gefühl, dass ein Projekt eigentlich illusorisch ist, Traurigkeit beim Sieg, mangelnde Anerkennung für den geleisteten Dienst. Auch das Beschleunigen des Abschlusses eines Projekts, die Beendigung einer Verbindung.

VIER *der* KELCHE

Dieses Arkanum ist auf das siebte und vierte Haus abgestimmt. Die Kelche sind in Form einer Raute angeordnet, wobei die Polaritäten im Gleichgewicht sind, eine oben und eine unten, und zwei nebeneinander in der Mitte.

Aufrecht: Die vorherrschende Bedeutung ist Glück. Eine Vernunftehe, eine Versöhnung, das Erreichen eines Ziels. Auch Unzufriedenheit mit dem eigenen Schicksal, Sorgen oder Pflichten, die das Leben überschatten.

Ungünstig oder umgekehrt: Trügerischer Wohlstand, Anstrengungen unternehmen müssen, um das zu behalten, was man hat, geistige oder moralische Sklaverei. Auch Vermutung, Vorahnung, Vorhersage oder das Bedürfnis nach Neuem.

FÜNF *der* KELCHE

Dieses Arkanum entspricht dem fünften und achten Haus und ist eindeutig auf seine traditionellen Bedeutungen abgestimmt. Es wird ein einzelner Kelch mit zwei Kelchen darüber und darunter dargestellt.

Aufrecht: Die vorherrschende Bedeutung ist Freundlichkeit. Eine Heirat aus Liebe und Erbschaften, die nicht ohne Ärger zu haben sind. Auch eine Spende, ein Zuschuss oder ein Geschenk, das man erhält, ohne dafür arbeiten zu müssen.

Ungünstig oder umgekehrt: Probleme mit alternden Eltern, der Verlust eines Erbschaftsverfahrens, Schwierigkeiten, an geschuldetes Geld zu kommen. Auch familiäre Bindungen; eine Bekanntschaft, eine Beziehung oder eine Liaison mit jemandem.

SECHS *der* KELCHE

Diese Arkanum ist mit dem sechsten und neunten Haus verbunden. Die Kelche sind in drei Paaren angeordnet, wodurch zwei Linien entstehen, die auf die Symbolik eines hellseherischen Kanals hinweisen.

Aufrecht: Die vorherrschende Bedeutung ist Hellsehen, Hellhören, Hellfühlen und Spiritismus. Die Karte zeigt die Vergangenheit und die Zukunft, Vorhersagen, Glück, das aus Dingen entsteht, die wir vergessen haben. Auch Geschichte, Antike oder Erinnerung und die Rückkehr von etwas, das man für lange verloren gehalten hat.

Ungünstig oder umgekehrt: Ein Versuch, etwas neu zu starten, das schlecht oder grob geplant ist oder das schnell durch Faulheit, Probleme, die sich aus Anmaßung oder Selbstbehauptung ergeben, erstickt wird. Auch die Zukunft, eine Erneuerung, eine Wiederholung oder eine Überarbeitung.

SIEBEN *der* KELCHE

Dieses Arkanum ist auf das siebte und zehnte Haus abgestimmt. Die Karte wird durch zwei Diagonalen geteilt, sodass wir zwei Sätze von drei Kelchen erhalten, die in einem Dreieck übereinander angeordnet sind, mit zwei einzelnen Kelchen darunter.

Aufrecht: Die Hauptbedeutung ist die des Mysteriums, aber ohne ein gutes Gleichgewicht, was eher auf Neugier oder Leichtgläubigkeit als auf Glauben hindeutet. Es deutet in der Regel auf Zweifel und Unentschlossenheit hin, insbesondere in emotionalen Angelegenheiten, oft geleitet von einer übertriebenen Wertschätzung für einen geliebten Menschen.

Ungünstig oder umgekehrt: Schlechtes persönliches Urteilsvermögen, schlecht platzierter Verdacht, Täuschung oder Irrtum führen Sie in die Irre. Auch eine Absicht, ein Entschluss oder eine vorsätzliche Entschlossenheit, die Sie verwirklichen möchten.

ACHT *der* KELCHE

Dieses Arkanum steht in Verbindung mit dem achten und zwölften Haus. Das Symbol zeigt die Kelche in perfekter Balance, mit drei Kelchen oben und unten und zwei dazwischen.

Aufrecht: Beurteilung des materiellen und spirituellen Gleichgewichts eines Plans, ob etwas wirklich zufriedenstellend ist oder nicht. Wenn es für unzulänglich befunden wird, dann zurückverfolgen, um die Balance zu finden, oder den Plan aufgeben. Es kann auch als Hinweis auf eine junge Frau stehen, die ehrenhaft und bescheiden ist, sowie auf eine erteilte Zustimmung.

Ungünstig oder umgekehrt: Instabilität oder Faulheit verhindern Erfolg. Die Bescheidenheit von jemandem verbirgt in Wirklichkeit Unbesonnenheit. Auch eine Show, ein Spektakel oder eine Feier.

NEUN *der* KELCHE

Diese Karte ist auf das neunte und zwölfte Haus abgestimmt. Wir sehen acht Kelche, die eine Raute bilden, mit einem Kelch in der Mitte: Die neun Kelche zusammen stehen für die himmlischen, astralen und physischen Reiche.

Aufrecht: Die Hauptbedeutung ist die eines spirituellen oder materiellen Sieges. Philanthropisches Handeln, ausufernde Gefühle, Vergnügen, Gewinn, erfüllte Wünsche. Auch Leistung, Vorteil, Erfolg feiern.

Ungünstig oder umgekehrt: Ein Erfolg, der zu einem Zusammenbruch führt, Optimismus brennt und stürzt ab, Selbstverleugnung, Selbstgefälligkeit steht im Weg. Auch sich entspannen, offenherzig und einfach sein oder zu vertraut oder dreist sein.

ZEHN *der* KELCHE

Dieses Arkanum ist auf das erste und zehnte Haus abgestimmt. Das Symbol ist eines der mächtigsten der kleinen Arkana und zeigt die Kelche in Form der zehn Sephiroth des Baumes der Erkenntnis von Gut und Böse.

Aufrecht: Die übergeordnete Bedeutung ist eine hohe Moral, eine klare Philosophie. Der Kauf eines Grundstücks, eine Beförderung, Ehrungen und Auszeichnungen, der König Ihres Schlosses zu sein und dauerhaftes Glück. Auch Stadt oder Land, das Haus der Familie.

Ungünstig oder umgekehrt: Gewalt, verschwenderische Verschwendung von Ressourcen, ein korrupter Bürger oder Beamter. Auch öffentliche oder zivile Gewalt, Revolution, Empörung, nationale Agitation.

PAGE *der* KELCHE

Diese Karte ist auf den Tempel der Gefühle und die Dreifachheit des Wassers abgestimmt. Wir sehen hier mehr den Diener als den Pagen, jemanden, der eine höhere Stufe der Initiation anstrebt. Diese Karte wird mit dem zwölften Haus des Horoskops in Verbindung gebracht, dem Haus, das Riten und Zeremonien regelt. Dieses Haus wird als eines der drei esoterischen Häuser eingestuft, aber es geht auch um Fallen, Gefangenschaft und Pech.

Die Karte zeigt einen jungen Mann in einer Mönchskutte, der langsam voranschreitet und einen Kelch mit den geweihten Elementen trägt. Der Kelch ist bedeckt, was darauf hindeutet, dass dies nicht der richtige Zeitpunkt ist, die Geheimnisse zu enthüllen. Außerdem ist er nicht selbst der Priester: Er ist nichts weiter als ein Messdiener. Er ist dunkelgrün gekleidet und trägt eine blaue Kapuze. Der Diener der Kelche ist derjenige, der die Tiefe und Schönheit der Welt der Gefühle versteht. Dieser junge Novize ist erstaunt über das wunderbare Wissen, das sich vor ihm entfaltet; hier ist ein junger Mann, der zum ersten Mal in seinem Leben ein Gefühl für Romantik entwickelt. Diese Phase ist immer mit Kontemplation und Stille verbunden. Sursum corda – lasst uns unsere Herzen erheben!

Aufrecht: Die mittelalterlichen Traditionen verbergen eine ernstere Bedeutung hinter der Zuschreibung, die dieser Karte meist gegeben wird, nämlich „ein blonder Jüngling". Wir entdecken die Bedeutung von intellektueller Arbeit, wissenschaftlichem Studium und Reflexion. Nach einer anderen Tradition ist es auch die eines Berufs, einer Arbeit oder eines Lebensunterhalts. Die Karte bedeutet auch die Begegnung mit einem Partner mit gutem Charakter, oft des anderen Geschlechts.

Ungünstig oder umgekehrt: Die Karte wird als schädlich für den Berater angesehen, weil sie auf eine leichte Beeinflussbarkeit, eine falsche Zuneigung, ein zweifelhaftes Treffen oder den Umgang mit schlechten Freunden hindeutet. Für den Berater deutet die Karte darauf hin, dass es Heuchelei gibt. Außerdem eine Neigung oder Tendenz, sich zu viel zu gönnen.

RITTER *der* KELCHE

Diese Karte wird mit dem Krebs und dem vierten Haus sowie mit dem Skorpion und dem achten Haus, das den Tod regiert, in Verbindung gebracht. Im *Tarot Médiéval* reitet der Ritter der Kelche nicht in Eile oder im Sturmangriff, sondern schreitet mit dem Visier seines Helms gesenkt langsam auf einem weißen Pferd voran. Das Zaumzeug seines Pferdes ist grün, und auf seinem Schild sehen wir sein Wappen, einen Kelch.

Liebe und Tod stehen in Verbindung miteinander, im Zeichen des Skorpions. Liebe ist nicht als Mittel zum Leben gedacht, wie es das fünfte Haus bezeichnet, sondern als Grundlage für eine spirituelle Entwicklung, die zum Überleben führt. Ein Mann oder eine Frau wird sofort und unwiderruflich durch ihre Auffassung von Liebe klassifiziert. Eine Konzentration auf körperliche Belange verhindert emotionale Erhebung oder die intime Sanftheit einer harmonischen Polarität und verhindert die spirituelle Sublimierung.

Aufrecht: Die Traditionen sehen diese Karte als Darstellung eines jungen, gutaussehenden und attraktiven Mannes, der jedoch nicht nur nach seinen Manieren oder schönen Worten beurteilt werden sollte. Die Karte deutet auf ein neues liebevolles Interesse oder eine Verbindung hin, die nicht als Zeichen einer aktuellen oder eher sexuellen Anziehung zu verstehen ist.

Ungünstig oder umgekehrt: Wenn sie umgekehrt ist, erhöht sich die Bedrohung durch diese Karte. Der Tradition zufolge offenbart sie Täuschung. Aus dem gleichen Grund erscheint der Verführer oft flüchtig aufrichtig, aber seine Aufmerksamkeit ist eher von vorübergehender Begeisterung als von aufrichtiger Erwiderung motiviert. Außerdem ist er ein geschickter Taktiker, der sich an emotionale Umstände anpasst und sie manipuliert.

KÖNIGIN *der* KELCHE

Dieses Arkanum gehört zusammen mit dem König der Kelche zum vierten Haus des Horoskops, das den Haushalt und unsere Geburt regiert. Alle Einweihungsschulen akzeptieren den „Pfad der Vestalin" oder den „Pfad des Herdfeuers", dessen Kern Keuschheit und Wahrheitsliebe sind. Nicht nur ist Vesta oder Hestia die Göttin des Haushalts, sondern sie ist auch die Hüterin der Integrität des Wortes und der Treue gegenüber den eigenen Gelübden. Bei jedem Gelübde, das vor den Schutzgöttern des Herdes abgelegt wird, muss eine Frau anwesend sein, und bei der Unterzeichnung aller Staatsverträge oder -vereinbarungen war die Anwesenheit einer Vestalin erforderlich.

Die Karte zeigt eine junge und schöne Königin, nachdenklich, voller Würde, die einen Kelch hält und bereit ist, jedem, der es wert ist, davon zu geben. Hier offenbaren sich der Frieden und das Glück des Haushalts; denn die Frau, die Unglück über den Haushalt bringt, ist eine Verräterin, und wer das Herz entehrt, arbeitet für den Herrn des dunklen Antlitzes. In mittelalterlichen Überlieferungen bestand die heilige Mission der Frau darin, Kinder zur Welt zu bringen, es sei denn, sie hatte die Aufgabe einer Inspiratorin oder Prophetin erhalten. In diesem Fall würde sie spirituelle Kinder in anderen hervorbringen. In beiden Fällen ist die Frau selbst der Kelch des Heiligen Grals. In einem esoterischen Sinne hilft die Kraft der Frau im vierten Haus der Seele, durch die irdische Welt zu gehen, um die lunare und astrale Welt zu erreichen.

Aufrecht: Der alte Titel dieses Arkanum lautet „eine blonde Frau", auch eine großzügige, gute und aufrichtige Frau. Bei einer Lesung für eine Frau deutet diese Karte auf Ehrlichkeit und Keuschheit hin, aber nicht auf Zölibat. Wenn der Berater ein Mann ist und die Frage seine Gefühle betrifft, dann ist diese Karte für alle gut gemeinten Emotionen günstig. Auch für Weisheit und Ehrlichkeit.

Ungünstig oder umgekehrt: Eine unwürdige Frau führt den Haushalt und ist entweder unehrlich oder untreu; es deutet auch auf Faulheit, Nachlässigkeit oder Gleichgültigkeit hin. Ein Haushalt in Aufruhr oder ohne Willkommen. Auch Korruption oder Skandale plagen das Haus.

KÖNIG *der* KELCHE

Die Kelche sind mit den Herzen in den Spielkarten vergleichbar. Wie diese decken die Kelche eine breite Palette von Emotionen ab. Die Karte zeigt uns einen gekrönten König, der in seiner rechten Hand einen Kelch und in seiner linken ein Zepter hält. Der Kelch ist mit einem „Leichentuch" oder einem Schleier aus feinem Leinen bedeckt, weil der Wein des Kelches nicht für die ganze Welt bestimmt ist. Das Gewand des Königs ist tiefgrün, was symbolisch für die generative, vielgestaltige Kraft der Natur steht. Diese Karte wird mit dem Sternzeichen

Krebs und dem vierten Haus des Horoskops in Verbindung gebracht: Der geheimnisvollste Punkt dieses Hauses wird als „Punkt der Stille im Zentrum“ und „Tor der Geburt der Menschen“ bezeichnet.[13] Dieses Haus steht für die pränatale Phase. Die Brust der Mutter wird manchmal als „Kelch“ bezeichnet.

Der König ist sehr alt, mit weißem Haar und Bart, sein Gesicht ist dünn und ausgezehrt, und er hält das heilige Getränk, das die Mysterien erhellt, in seinen Händen. Wenn die Geburt des Menschen ein Erblühen ist, dann ist sie auch ein Geheimnis. Der Wein der Erfahrung öffnet die Zentren und gibt den subtilen Körpern nach, aber nur durch ständige Entdeckung. Der König der Kelche senkt sich nie und gibt niemals von seinem Kelch an diejenigen, die von niederen Emotionen oder von vulgären oder fleischlichen Gelüsten angetrieben werden.

Aufrecht: Dieses Arkanum hat in der mittelalterlichen Symbolik immer die Bedeutung eines mächtigen blonden Königs und weist auf jemanden mit höherem Status hin. Diese Karte steht auch im Zusammenhang mit der alchemistischen Umwandlung von unedlem Metall in Gold. Der königliche Weise steht im modernen Sprachgebrauch für einen ehrlichen Mann von einiger Bedeutung. Auch für eine Person der Wissenschaft oder Kunst.

Ungünstig oder umgekehrt: Ein Mann mit großspurigem Gehabe, das nicht seinem wahren Wesen entspricht, jemand, der Wissen vortäuscht, aber nicht wirklich besitzt, ein Betrüger und Scharlatan, der immer auf der Suche nach Vorteilen für sich selbst ist. Auch jemand, der Geld durch Betrug oder Verbrechen erpresst, oder jemand, der in Korruption oder Skandale verstrickt ist.

DER TEMPEL *der* SCHEKEL, MÜNZEN *oder* PENTAKEL

Nach der Dreifachheit der Ebenen sind die Schekel auf die Dreifachheit der Erde, des Stiers, der Jungfrau und des Steinbocks, der materiellen Ebene und auf das physische Leben des Menschen abgestimmt. Dies ist auch die Art von Fragen, die mit dem eigenen Lebensstand zu tun haben: Chef und Arbeiter, Geistlicher oder Laie zu sein. Im Mittelalter hatten Pentakel, Glücksbringer in Kreisform, einst ein Kreuz: Sie wurden getragen, um die Gesundheit zu erhalten, indem der Geist der Krankheit vertrieben wurde. Münzen waren Kleingeld, Reichtümer, die sich ansammelten, oder Ersparnisse, wie im „Peterspfennig". Die Münzen im *Tarot Mediéval* sind Schekel, die das Geld symbolisieren, das im Tempel von Jerusalem verwendet wurde, um Opfergaben zu kaufen.

ASS *der* SCHEKEL

Das zentrale Symbol ist eine goldene, runde Scheibe mit einem einfachen Design, die das Elementarkreuz oder Kreuz der Natur trägt; das Andreaskreuz ist das Kreuz, das auf den menschlichen Zustand angewendet wird. An jedem Ende dieses Kreuzes befindet sich ein nach außen gerichtetes Dreieck. Im oberen linken Quadranten der Karte befindet sich ein geflügelter Engel, im oberen rechten ein Adler, im unteren linken Quadranten ein geflügelter Ochse und im unteren rechten ein geflügelter Löwe. Der Tempel des Schekel ist auf die Dreifachhaft der Erde, auf den Steinbock und auf Haus 10 abgestimmt.

Aufrecht: Auf der hohen Ebene des Denkens bedeutet dieses Arkanum die Befriedigung, die aus der Erfüllung seiner Pflicht entsteht, und den großen Reichtum, der daraus entsteht, sich nicht seinen Wünschen hinzugeben. Auf der niederen Ebene bedeutet es Glück, Zufriedenheit, Erfüllung, Heilung und Gewinn. Auch Verzauberung, Wunder, Freude und Vergnügen sowie die perfekte Tinktur, die Gesundheit bringt.

Ungünstig oder umgekehrt: Das Verschwenden von Geld oder das Schwinden der Gesundheit, die Notwendigkeit, von seinem Kapital zu leben, Reichtümer, die nicht genutzt werden können, Investitionen, die keine Rendite bringen, und eine Affäre mit dem Ruin. Auch Ihre Ersparnisse oder Ihr Kapital, die Anschubfinanzierung und alles, was Ihnen lieb und teuer ist.

ZWEI *der* SCHEKEL

Die Zwei der Schekel steht in Verbindung mit dem zweiten und elften Haus und mit dem Steinbock. Das Symbol zeigt zwei Schekel, die gleichwertig übereinander liegen.

Aufrecht: Die übergeordnete Bedeutung zeigt an, dass die Hindernisse in der materiellen Welt sehr oft die Mittel sind, mit denen wir auf den spirituellen Weg gedrängt werden. Reichtümer sind selten oder nie ein Hinweis auf eine okkulte Berufung. Es bedeutet auch Verwirrung, Schwierigkeiten, Hindernisse, Streitigkeiten, Streiks, Gewinn mit Verlust.

Ungünstig oder umgekehrt: Ein Ratschlag, eine Gefahr, ein anonymer Brief, eine Denunziation oder ein Geheimnis. Auch ein Brief, eine Nachricht, ein geschriebenes Buch oder ein Dokument.

DREI *der* SCHEKEL

Alte Symboliken zeigen auf dieser Karte drei kleine Leitern mit jeweils drei Stufen, aber im *Tarot Médiéval* werden die drei Schekel allein dargestellt, die sich von unten rechts nach oben links quer wie in der alten Version erstrecken. Sie wird mit dem zwölften und dritten Haus in Verbindung gebracht.

Aufrecht: Die übergeordnete Bedeutung dieses Arkanums ist die Gefahr einer Charakterschwäche durch Reichtum. Was auch immer groß und mächtig ist, Großzügigkeit und Menschenliebe. Auch

Aufbau und Schöpfung, etwas Wichtiges, Edles oder Großartiges. Ungünstig oder umgekehrt: Mittelmäßigkeit, Beliebtheit, falscher Ruhm, Verfolgung unmöglicher Ziele. Auch Kindlichkeit, Leichtsinn, Schwäche oder Kleinmut, abgelehnt, niedrig oder wertlos.

VIER *der* SCHEKEL

Dieses Arkanum ist auf das erste und vierte Haus abgestimmt. Die Schekel sind als Parallelogramm mit gleichen Winkeln angeordnet, zwei Münzen oben und zwei unten.

Aufrecht: Die vorherrschende Bedeutung ist das Verständnis von Unterschieden und der Wunsch, Harmonie zu schaffen. Ein Geschenk, eine Gabe, eine Freundlichkeit, Versöhnung, die Initiative ergreifen, lokal arbeiten. Auch ein Trinkgeld, eine Spende oder ein Vorteil.

Ungünstig oder umgekehrt: Ein fragwürdiges Geschenk, eine Absage, misstrauisch oder übermäßig vorsichtig sein, Neid, Vorurteile. Auch eine Grenze, eine Begrenzung, eine Barriere oder ein Hindernis, das Ihren Plan verhindert. Umgeben, begrenzt oder abgefangen werden.

FÜNF *der* SCHEKEL

Die Schekel sind in einem Parallelogramm angeordnet, wobei der fünfte in der Mitte liegt. Dieses Arkanum ist auf das zweite und fünfte Haus abgestimmt.

Aufrecht: Die vorherrschende Bedeutung ist die Notwendigkeit, die beiden Polaritäten in all unseren Handlungen zu vereinen, um Erfolg zu haben. Außerdem: ein Liebhaber, Ehe, gegenseitige Anziehung, Entschlossenheit. Auch: schätzen, verehren oder für geeignet halten.

Ungünstig oder umgekehrt: schlechtes Benehmen, ein Leben auf Abwegen, Verwirrung, sinnlicher Egoismus, Armut, übermäßige Anstrengung, Eigensinn. Auch: Ärger oder Verwirrung, Schaden oder Verschlechterung dessen, was für Sie wesentlich ist.

SECHS *der* SCHEKEL

Dieses Arkanum ist auf das sechste und dritte Haus abgestimmt. Die Schekel sind in zwei Spalten angeordnet, wie die Säulen Jachin und Boas im Tempel Salomons.

Aufrecht: Die vorherrschende Bedeutung ist Wachsamkeit, sofortiges Handeln sowie die Gefahren der Verzögerung oder der Zeitverschwendung. Die Gegenwart, das gegenwärtige Leben, schnelle Entscheidungen, die Einfluss auf die lokale Gemeinschaft haben. Auch das, was sich gerade entfaltet oder was man miterlebt.

Ungünstig oder umgekehrt: Schwere des Geistes, eine falsche Richtung, Verluste aufgrund mangelnder Aufmerksamkeit, Geiz oder Verschwendungssucht. Auch Wunsch nach materiellem Besitz, Eifer, Eifersucht und Wachsamkeit.

SIEBEN *der* SCHEKEL

Dieses Arkanum ist auf das vierte und siebte Haus abgestimmt. Im *Tarot Médiéval* sind die Schekel stilisiert, eher wie in alten Versionen dieser Karte, die einen Beutel oder ein Netz mit sieben Goldstücken zeigen. Zwei große Münzen oben und unten, mit drei kleineren dazwischen.

Aufrecht: Die Hauptbedeutung dieses Arkanums ist materielle Vollkommenheit, Sieg auf der irdischen Ebene. Es deutet normalerweise auf Gold, Reichtümer oder Geld in der Hand hin. Kultivierung des Landes, Investitionen in Unternehmen. Auch die Kraft des Mondes, alles, was wächst, wachsen zu lassen und zu verbessern oder zu schwinden und zu schrumpfen, je nach seinen Phasen.

Ungünstig oder umgekehrt: Täuschung im Geschäft, Angst, Sorge, Niederlage, enttäuschte Hoffnungen, Sklave seines Geschäfts werden. Auch Ungeduld, persönliche Anwendung, Misstrauen und Sorge um Ihren Besitz.

ACHT *DER* SCHEKEL

Diese Arkanum entspricht dem achten und fünften Haus, die Sexualität und Liebe regieren. Die Schekel werden in zwei Vierergruppen dargestellt: vier kleinere Münzen, die in der Mitte ein Quadrat bilden, und vier größere Münzen, die als Raute darum angeordnet sind.

Aufrecht: Die Hauptbedeutung ist „Liebe, die den Tod überwindet". Eine dauerhafte Liebe und moralische Unterstützung. Ein kleiner Geldbetrag, Ersparnisse. Auch das Kennzeichen für eine dunkle junge Frau.

Ungünstig oder umgekehrt: Fleischlichkeit und Ekel, übermäßige Skrupel in Bezug auf Details, wenn das Gesamtbild übersehen wird. Auch Geiz und Wucher, fällige Kredite und Horten.

NEUN *der* SCHEKEL

Dieses Arkanum ist auf das sechste und neunte Haus abgestimmt. Das Design zeigt eine große, zentral positionierte Münze mit vier kleineren Münzen darüber und darunter.

Aufrecht: Die Hauptbedeutung ist Patriotismus und der Kampf gegen Korruption. Verwirklichung Ihrer Hoffnungen bei der Fertigstellung eines Projekts, eines Geschäfts oder einer internationalen Reise, einer Erbschaft. Auch Leistung, Erfüllung und Freude an den Auswirkungen Ihrer Arbeit.

Ungünstig oder umgekehrt: Ein verantwortungsloser Bürger, unsoziales Verhalten, gierig, aber geizig, Diebstahl. Auch finanzieller Betrug oder Täuschung, eitle Ansprüche auf ein reiches Leben, Projekte, die scheitern.

ZEHN *der* SCHEKEL

Diese Karte ist auf das siebte und zehnte Haus abgestimmt. Wir sehen zwei Sätze von vier kleineren Münzen, die oben und unten in einer Raute angeordnet sind, während zwei größere Münzen dazwischen stehen.

Aufrecht: Die Hauptbedeutung ist Haushalt, insbesondere ein gastfreundlicher und fröhlicher: ein Haus, eine Burg oder sogar ein strohgedecktes Häuschen. Vorsorge für das Alter, materieller Komfort. Auch Großfamilie und Vorfahren, Ihre Nation oder Ihr Volk.

Ungünstig oder umgekehrt: Schulden, Hypotheken, eine vorübergehende Unterkunft, das Haus verlassen müssen. Auch das Spielen mit Ihrem Vermögen, Wahrsagerei, das Schicksal des Glücks, Glücksspiel und Wetten.

PAGE *der* SCHEKEL

Wie erwähnt, ist der Titel „Page" die beste Bezeichnung für diese Figur in den vier Tempeln des *Tarot Médiéval*, aber das Wort „Acolyte" ist besser für den Pagen der Kelche und „Valet" für den Pagen der Schekel. Der Page ist in den Kelchen erhöht, weil er den Gral trägt; aber er ist hier auf einer niedrigeren Ebene, weil er an einen Geldsack gekettet ist. Diese Karte ist auf Merkur und das sechste Haus des Horoskops abgestimmt.

Wir sehen den Pagen der Schekel im Gefängnis, mit dem Bein an eine große Münze auf der Erde gekettet. Er ist nicht wegen Armut gefangen, denn er sitzt auf einer Truhe, nicht auf einer Bank, und vor ihm liegt ein Beutel mit Goldmünzen. Er sitzt, gekrümmt und in sich versunken, wie ein alter Mann, in einer Pose der Verzweiflung und des Ekels. Es ist klar, dass die Karte jemanden zeigt, der an sein Geld gekettet ist, oder jemanden, der sich Sorgen macht, weil er kein Geld hat. Der Wunsch, Reichtümer zu besitzen, oder der Neid auf Reichtümer ist genauso entwürdigend wie Geiz. Wer daran denkt, sich zu bereichern, vernachlässigt alle anderen Gaben und wertet am Ende seine Seele ab. Die Bedeutung dieser Karte ist auch ein wertvoller Hinweis auf alte Gewohnheiten, denen wir verfallen sind.

Aufrecht: Die traditionelle Bedeutung ist etwas schwierig: Die Karte wird manchmal auch „der braune Jüngling“ oder „Lehrling“ genannt. Zu ihren Bedeutungen gehören ein Jugendlicher, ein Arbeiter, ein Blindenführer, die Bereicherung des Unwissenden und ein Profiteur, der sich die Mittel zum Leben zusammenkratzen muss. Auch ein Student, ein junger Mann, Ihre tägliche Arbeit.

Ungünstig oder umgekehrt: Verschwendung, Ruin, Schande, schlechte Gesellschaft und unerwünschte Gewohnheiten. Auch kriminelle Geschäftemacherei, Verschwendungssucht (normalerweise mit dem Geld anderer), das Streben nach Luxus, ein Studienplatz an einer Hochschule oder eine Ausbildung am Arbeitsplatz.

RITTER *der* SCHEKEL

Der Ritter der Schekel ist auf das zweite Haus des Horoskops und auch auf den Stier abgestimmt, der für Besitz und Finanzen zuständig ist. Im *Tarot Médiéval* zeigt die Karte einen schwarzen Rappen. Das Pferd steht still und ruhig, während die drei anderen Ritter des Tarot in Bewegung sind. Hier ist der Ritter der Schekel auf der Hut, damit niemand seinen Schatz stiehlt. Jede Karte des Tarot hat eine übergeordnete Bedeutung. Hier zeigt sie, dass nicht das Geld selbst das Böse bringt, sondern die Liebe zum Geld, die die Wurzel allen Übels ist. Das Gleichnis von den zehn Talenten zeigt, dass der Mensch schuldig ist, wenn er sein materielles Leben nicht gut führt. Die höchste Spiritualität verlangt, dass jeder seinen Lebensunterhalt verdient, indem er sich ehrlich seiner Verantwortung stellt; es ist ein Fehler anzunehmen, dass ein religiöses Leben uns von legitimer Tätigkeit befreit. Die großen Mystiker wie der heilige Franz von Assisi, die heilige Katharina von Siena und die heilige Teresa von Ávila waren unermüdliche Arbeiter und Organisatoren von erstaunlicher Effizienz.

Aufrecht: Die traditionelle Bedeutung dieser Karte folgt demselben Thema: Gewinn, Profit, Zinsen. Auch ein Bankier, Finanzier, Börsenmakler, eine zuvorkommende Person. Und für Ereignisse: Pflichten erfüllt, Schulden beglichen, Lebensunterhalt gesichert, den Schein wahren.

Ungünstig oder umgekehrt: Faulheit, Inaktivität, Müßiggang, Verlust, Enttäuschung, parasitäres Leben auf Kosten anderer. Auch eine Zeit der Arbeitslosigkeit, Freizeit, Inaktivität oder Trägheit. Entmutigung oder Stagnation.

KÖNIGIN *der* SCHEKEL

Diese Karte mit dem König der Schekel gehört zum Sternzeichen Steinbock und zum zehnten Haus sowie zur Dreifachheit der Erde. Die Bedeutungen drehen sich um Fragen der Materialität und/oder Zeremonie. Die Königin der Schekel ist wie der König prächtig gekleidet, mit einem purpurfarbenen Gewand, das mit Perlen bestickt ist. Die Ausdrucksweise der vier Königinnen zeigt ihren Charakter: Die Königin der Zepter ist ätherisch und spirituell, die Königin der Schwerter ist traurig, aber entschlossen, die Königin der Kelche ist anmutig und gastfreundlich, die Königin der Schekel ist kalt und erhaben. Dieses Arkanum steht für den Wert, den man dem Schutz seines Platzes und seiner Position in der Welt beimisst. Im Mittelalter wurde eine wohlerzogene Frau, die nicht eine gewisse Haltung bewahren konnte, von anderen, die ihren Lebensstand teilten, verurteilt. Auch heute darf eine Frau nicht in Vulgarität und krasse Vergnügungen verfallen. Es ist ihre Pflicht, zu inspirieren und zu erheben, nicht sich auf das Niveau anderer zu begeben. Die Königin der Schekel bewahrt ihre eigene Würde und Stellung, ist in der Lage, für Versorgung und Unterstützung zu sorgen und ihren Einfluss zu nutzen, um Not zu lindern.

Aufrecht: Im besten Sinne spricht diese Karte über die beste Nutzung Ihrer Talente oder der Gaben, die Sie besitzen. Sie deutet auch auf Gewinn, Profit, jemanden, der in einer Bank arbeitet, oder einen Finanzberater oder Investor, jemanden, der Vertrauen, Großzügigkeit oder Reichtum ausstrahlt. Aufrechterhaltung Ihres Status und Ihrer Verantwortlichkeiten. Linderung von Not und Bedürftigkeit. Einfallsreichtum, ein ehrenwertes Leben. Auch ein Hinweis auf eine dunkelhaarige Frau.

Ungünstig oder umgekehrt: Vernachlässigte Pflichten, Stagnation, Faulheit, diejenigen, die die Hilfe anderer suchen, Entmutigung und Desillusionierung. Auch Unentschlossenheit, Unsicherheit, Besorgnis und Ratlosigkeit.

KÖNIG *der* SCHEKEL

Diese Karte dominiert die vier Charaktere im Tempel des Schekels, der vom Steinbock, dem zehnten Haus des Horoskops, und der Dreifachheit der Erde beherrscht wird. Der Tempel des Schekels wird nur für materielle Fragen genutzt. Der König des Schekels ist schwer und reich gekleidet in ein purpurfarbenes Gewand, das mit kostbaren Juwelen bedeckt ist. Er allein unter den vier Königen demonstriert seinen Reichtum. Die Gesichter der vier Könige zeigen ihren Charakter: Der spirituelle König der Zepter hat ein blasses, ja sogar ausgemergeltes Gesicht; der König der Schwerter hat den Blick eines entschlossenen Kriegers; der König der Kelche, der Priesterkönig und Initiator, hat einen gütigen Blick; der König der Schekel ist hart, schurkisch und sieht aus wie ein Tyrann. Dieser König muss der Herr über alles um ihn herum sein, ob über oder unter ihm. Manche stellen sich vor, dass ein Tyrann besser ist als die Tyrannei der Menge, während andere glauben, dass kein Regime furchterregender ist als die Macht der Massen. Aber es ist nicht möglich, ein Boot ohne Kapitän zu steuern, noch einen Plan ohne Kopf. Eine gewisse Hierarchie ist unerlässlich. Der wahre König des Schekels ist ein Geschäftsmann - ob eine Einzelperson, ein Verband oder ein Staat -, der in der Lage ist, Rohstoffe zu kaufen, Fabriken zu bauen und große Verluste zu riskieren, damit die Arbeiter ihren Lohn erhalten.

Aufrecht: Die Karte steht für den Investor, den Chef, den Meister, den Industriellen, aber auch für Macht, Autorität und Beherrschung und wird oft mit Schwierigkeiten in Verbindung gebracht. Jemand, der ein gutes Preis-Leistungs-Verhältnis mag und erwartet. Berufsverbände und nationale Führung. Auch ein Hinweis auf einen dunkelhaarigen Mann.

Ungünstig oder umgekehrt: Ungerechtigkeit, eine zwielichtige Angelegenheit, ein fehlerhaftes System, Machtmissbrauch und Bevorzugung. Nach alten Traditionen jemand, dessen Gliedmaßen krank sind oder der eine andere Art von körperlicher Behinderung hat. Tyrannei, Arbeitgeber mit harter Hand, Geschäfte und Verträge, die Ihre Möglichkeiten einschränken. Auch jemand, der von der Arbeit anderer profitiert.

TEIL ZWEI

ARBEITEN MIT DEM *TAROT MÉDIÉVAL*

Von Caitlín Matthews

Das Tarot ist ein Feld der Mysterien, und der Meister des Tarot ist jemand, der die Schönheit seiner initiatorischen Lehre zu sehen weiß - und andere dazu befähigt, sie zu sehen.

– Francis Rolt-Wheeler:
aus dem Kommentar „The Temple of Cups“

KAPITEL 3

DER MAGISCHE HINTERGRUND DES *TAROT MÉDIÉVAL*

Der magische Stammbaum des *TAROT MÉDIÉVAL*

Tarot Mediéval stammt von einem Zweig des Tarot ab, der von Oswald Wirth begründet wurde und von der Strömung der französischen esoterischen Tradition gespeist wird. Da es sich etwas anders entwickelt hat als die bekannteren Tarot-Arten, die heute noch verwendet werden, lohnt es sich, seine unmittelbaren Vorfahren zu erforschen, da dies dazu beitragen wird, zu erklären, woher Francis Rolt-Wheeler kam.

Oswald Wirth (1860–1943) war ein Schweizer Esoteriker, der beim französischen Rosenkreuzer und Kabbalisten Stanislas de Guaita (1861–1897) Symbolismus studierte. 1889 brachte Wirth sein eigenes Tarot mit 22 Karten heraus, *Les 22 Arcanes du Tarot Kabbalistique*, das bewusst esoterische Symbolik in das Tarot de Marseilles einfließen ließ – bis dahin wurde das Tarot hauptsächlich außerhalb Italiens produziert. Wirths eigene Einflüsse hatten ihre Wurzeln in der europäischen esoterischen Tradition, die im Laufe des 19. Jahrhunderts aufblühte und sich auf die Freimaurerei stützte, insbesondere auf die freimaurerische Bildsprache der französischen Martinisten, sowie auf die magischen und kabbalistischen Schriften von Eliphas Lévi (Alphonse Louis Constant, 1810–1875) und von Papus (Gerald Encausse, 18 65–1916) und die esoterischen und initiatorischen Spekulationen von Paul Christian (Pseudonym von Jean-Baptiste Pitois, 1811–1877), dessen Buch *Histoire de la Magie* (Die Geschichte der Magie) von 1871 das Tarot als Abkömmling einer Reihe von Initiations-Tafeln in den Krypten der großen Pyramide

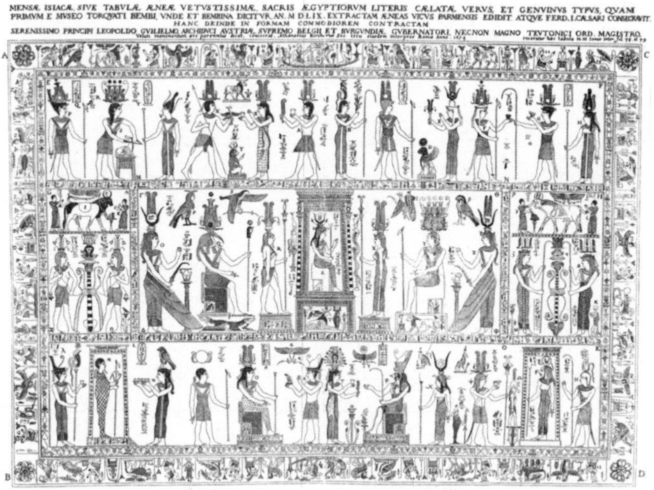

BILD 1. *Ein Stich aus dem Jahr 1608 von der Bembine-Tafel, einer römischen Darstellung ägyptischer Gottheiten aus dem 1. Jahrhundert. Die Tafel selbst befindet sich heute im Museo Egizio in Turin, Italien.*

von Memphis darstellte. Leider wurden solche Tafeln nie gefunden, da sie aus Christians eigenen erfinderischen Meditationen stammten – obwohl er beim Schreiben dieses Textes möglicherweise die Bembine-Tafel der Isis im Sinn hatte. Die Bembine-Tafel ist eine Bronzetafel aus der Zeit der römischen Besetzung Ägyptens. Es ist auch möglich, dass Christian die Worte des Übersetzers Thomas Taylor aus dem frühen 19. Jahrhundert gelesen hat, des Platonikers, der ein ähnliches Szenario eines viel früheren Denkers darstellte:

„Plato wurde im Alter von 49 Jahren in die ‚Großen Mysterien' eingeweiht. Die Initiation fand in einer der unterirdischen Hallen der Großen Pyramide in Ägypten statt. Der Isaiac-Tisch (auch bekannt als Bembine-Tafel) bildete den Altar, vor dem der göttliche Platon stand. ... Er wurde vom Hierophanten der Pyramide empfangen ... und erhielt mündlich die höchsten esoterischen Lehren, die jeweils mit dem entsprechenden Symbol versehen waren."[14]

Als Wirth 1927 sein Tarot als *Le Tarot des Imagiers du Moyen Age* (Tarot der mittelalterlichen Magier) neu veröffentlichte, hatte er sich eindeutig von der Theorie der ägyptischen Herkunft abgewandt, da die Archäologie eindeutig bewiesen hatte, dass diese ägyptischen Spekulationen über das Tarot falsch waren. In der zweiten Auflage seines Tarot und dem begleitenden Buchs griff Wirth bewusst auf das Mittelalter zurück, um plausiblere Ursprünge des Tarot zu finden: auf die Schöpfer der mittelalterlichen Kathedralen und die Baumeister, die mit Stein und Glas arbeiteten, sowie auf die Kunsthandwerker, die mit Wandteppichen, Pergament und Farbe arbeiteten, eingedenk des lebendigen Buches der Symbolik, das diese Kathedralen den Gläubigen boten. Die Kultur des Mittelalters war sowohl eine sicherere Ära, um Wirths Ideen zu formulieren, als auch viel näher an den wahren Ursprüngen des Tarot. Rolt-Wheeler trat in Wirths Fußstapfen, indem er sich für einen mittelalterlichen Ursprung des Tarot einsetzte, obwohl er auch eine Vielzahl spekulativer Nebenflüsse unterhält, die in den großen Fluss des Tarot münden.

Um zu verstehen, wie das Tarot überhaupt mit ägyptischen Ursprüngen in Verbindung gebracht wurde, müssen wir noch weiter in der Zeit zurückgehen, um zu sehen, wie sich das Tarot zu einem esoterischen Werkzeug für individuelle Leser und magische Orden entwickelte. Es mag ein großer Schock sein zu erfahren, dass die allerersten Tarotkarten, wie die Visconti- und Ferrarese-Tarotkarten aus dem 15. Jahrhundert, überhaupt nicht esoterischer Natur waren. Diese Entwicklung stand noch im 18. Jahrhundert bevor. Für die Menschen im Mittelalter war Tarot eine Methode des Spielens und Kartenspielens und gelegentlich der höfischen Poesie, während einige Karten auch für Liebeszauber, Flüche und Volksmagie verwendet wurden.[15] Wir haben kaum oder keine Belege für Wahrsagerei mit Tarot vor dem 18. Jahrhundert, und das ist eine Tatsache.

Das Tarotspiel verbreitete sich von Italien aus in den meisten Teilen Europas, vor allem aber in Frankreich, wo französische Drucker im späten 17. und frühen 18. Jahrhundert eine Art Tarot herstellten, die wir heute als Tarot de Marseilles kennen. Im Jahr 1781 erforschte der Schweizer Antiquar Antoine Court de Gébelin die Wurzeln heiliger Traditionen. In seinem Werk *Le Monde Primitif* schrieb er: „Es gibt heute ein Werk der alten Ägypter, eines der Bücher, die vor den Flammen gerettet wurden, die ihre großartigen Bibliotheken zerstörten. ... Der einzige Überlebende. ... Es ist so bekannt, dass es keinen Gelehrten gibt, der sich nicht die Mühe gemacht hat, es zu studieren, und niemand hat zuvor seinen bildlichen Ursprung erraten. Dieses Buch ist das Tarotspiel."[16] Die Vorstellung, dass ein Kartenspiel ein Satz von Karteikarten einer einst tiefgründigen spirituellen Tradition ist – ein Buch der Weisheit in Kartenform – wurde zu einer sehr beliebten und inspirierenden Idee, und viele Menschen versuchten, diesen „uralten Code der Weisheit" zu knacken. Laut Lévi hätte der Gefangene in Einzelhaft, der lediglich mit einem Satz Tarotkarten bewaffnet ist, „Zugang zu allem Wissen".[17] Das war eine bezaubernde Vorstellung.

Nach Court de Gébelin kam der Mann, den wir ernsthaft als „Vater der Kartenlegen" bezeichnen können: Etteilla oder Jean Baptiste Alliette (1738–1791), der eine Reihe von Kartenspielen herausbrachte, darunter ein Tarot, das sich bewusst auf de Gébelins esoterische Symbolik stützte und den Menschen Kartenlegen oder die Kunst des Wahrsagens mit Karten lehrte. Diese Kunst verbreitete sich innerhalb von nur fünfzehn bis zwanzig Jahren in ganz Europa, begünstigt durch die Umwälzungen der Französischen Revolution und die durch die Napoleonischen Kriege verursachten Bewegungen.

Später, im Jahr 1855, kam in diese berauschende Mischung aus ägyptischen Ursprüngen und esoterischen Überlieferungen der selbstverherrlichende Eliphas Lévi (1810–1875). Lévi begann als katholischer Priesteramtsanwärter und trat kurzzeitig in ein Benediktinerkloster ein, bevor er sich von der Religion abwandte und sich der Magie zuwandte und stattdessen ein zeremonieller Magier wurde. (Ähnlich wie Rolt-Wheeler selbst, der seine priesterliche Berufung in den USA aufgab, um in Frankreich eine magische Laufbahn einzuschlagen.) Lévi war dafür verantwortlich, das Tarot mit der Arbeit des hermetischen Magiers in Einklang zu bringen und es von der Rolle eines kartomantischen Weissagungsinstruments abzubringen, wie es erstmals von Etteilla populär gemacht wurde. In seinem Buch *The Doctrine and Rituals of High Magic* brachte Lévi erstmals die 22 Karten der großen Arkana (ein von Paul Christian erfundener esoterischer Titel) mit den 22 Buchstaben des hebräischen Alphabets und damit auch mit den 22 Pfaden des kabbalistischen Lebensbaums in Verbindung. Levi brachte auch die vier Farben des Tarot mit dem Tetragrammaton, dem heiligen Namen Gottes, und mit den vier emanatorischen Welten der Kabbala in Verbindung. Deshalb beziehen sich so viele Tarotkarten heutzutage so häufig auf die Kabbala, obwohl Lévi viele grandiose und unbegründete Behauptungen für seine eher wackelige hebräische Forschung aufstellte. Es versteht sich von selbst, dass keine dieser Theorien zuvor mit Tarot in Verbindung gebracht worden war. Lévi selbst stützte sich auf die etwas einseitige kabbalistische Forschung des deutschen Jesuiten und Universalgelehrten Athansius Kircher (1616–1680)

All diese Ideen befeuerten die Gründung magischer Orden, die darauf brannten, diese esoterische Tradition in ganz Europa weiter zu erforschen. Eklektische magische Gruppen schossen wie Pilze aus dem Boden, von denen einige hochtrabende Ursprünge und hierarchische Titel für sich beanspruchten, während andere sich auf bescheidenere Weise ihren Weg zum Wissen meditierten. 1888 wurde in Großbritannien der Hermetic Order of the Golden Dawn, die Mutter und der Vater aller esoterischen Orden und Gemeinschaften, geboren, erstrahlte in hellem Glanz und verglühte in einem Skandal aus Bitterkeit und Gegenbeschuldigungen. Dieser Orden arbeitete mit magischen Prinzipien, kabbalistischer Überlieferung und dem Tarot auf eine weitaus systematischere Weise und schuf einen Initiationsweg, der von seinen vielen Ablegern, die heute über die ganze Welt verteilt sind, noch immer weitgehend befolgt wird.

In den Vereinigten Staaten entwickelte sich unterdessen eine parallele Tradition, die zur Schaffung eines weiteren Kartenspiels im Oswald-Wirth-Stil führte. John Augustus Knapp (1853–1938) war ein Künstler und Maurer, der zusammen mit Manly P. Hall ein umfassendes Buch über den esoterischen Hintergrund der Tradition der westlichen Mysterien verfasste: *The Secret Teachings of All Ages* (1928). Manley P. Hall (1901–1990) selbst war der Gründer der Philosophical Research Society, die 1934 in Los Angeles gegründet wurde. 1929 brachten Hall und Knapp gemeinsam das *The Revised New Art Tarot* heraus, das den Tarot-Werten im Wirth-Stil folgte, aber zusätzlich zu den 22 großen Trümpfen ein kleines Arkanum mit 56 Karten enthielt, was es zum ersten vollständigen Tarot im Wirth-Stil machte. Die kleinen Karten sind auf verschiedene geometrische Arten angeordnet, mit Meditationssymbolen auf jeder Zahlenkarte – ein Merkmal, das wir auch im Design von *Tarot Médiéval* wiederfinden. Darüber hinaus befindet sich auf jeder Trumpf- und Figurenkarte ein weiteres Symbol in einem Schild, ebenfalls zur Meditation. Diese Karten wurden kürzlich im Jahr 2013 neu aufgelegt und werden immer noch von mehreren magischen Gruppen als Methode für die magische Ausbildung verwendet.

Es gab auch ein weiteres Kartendeck im Wirth-Stil, das wir nicht vernachlässigen dürfen: das Lasenic-Tarot, das 1938 in der Tschechoslowakei hergestellt wurde, von Pierre de Lasenic (Petr Pavel Kohout, 1900–1944) entworfen und von Vladislav Kužel illustriert wurde. Lasenic war ein Schüler von Oswald Wirth und Mitglied vieler esoterischer Gruppen. Lasenics Schriften brachten ihm einen schwierigen Ruf ein, zu einer Zeit, als esoterische Arbeit als verdächtige, wenn nicht gar kriminelle Tätigkeit galt. Seine Mitgliedschaft bei Universalia, einer beliebten esoterischen Vereinigung, brachte ihn später nach der deutschen Besetzung in Konflikt, da alle Treffen esoterischer Gruppen von der NS-Regierung verboten wurden, ebenso wie seine Monatszeitschrift Medium. Wie bei Rolt-Wheelers Tarot Médiéval fiel auch das Erscheinungsdatum des Lasenic-Tarots in eines der schwierigsten Jahre, als die Tschechoslowakei 1938 von den Nazis annektiert wurde und damit der Zweite Weltkrieg begann. Wie seine Glaubensbrüder in Großbritannien, die ihre spirituellen Ressourcen in den Krieg einbrachten, nutzten Lasenic und andere Mitglieder von Universalia Meditation und Rituale, um astral gegen Hitler zu arbeiten – ein praktisches Beispiel für eine gut organisierte magische Operation.[18] Was unterscheidet also ein Tarot im Oswald-Wirth-Stil von anderen Tarots? Sie können sicher sein, dass Sie ein solches Tarot verwenden, wenn alle oder einige der folgenden Merkmale auf Ihren Karten erscheinen:

- Der Narr wird von einem Luchs verfolgt und hat ein Krokodil vor sich.
- Auf dem Tisch des Magiers liegen eine große Münze, die er berührt, ein Schwert und ein Kelch. In seiner Hand hält er einen Zauberstab und roten und blauen Spitzen.
- Die Priesterin hält zwei Schlüssel und hat eine Mondsichel auf der Spitze ihrer Krone.
- Der Eremit hält einen siebenarmigen, bambusähnlichen Stab, während sich eine Schlange vor ihm auf dem Weg bewegt.
- Ein Schmetterling auf einer roten Rose im Stern oder eine weiße Lilie auf der Karte der Herrscherin
- Eine rote Tulpe ist auf den Karten des Herrschers, der Mäßigkeit, des Magiers und des Narren zu finden.

In einer Zeit, in der wir mehr Tarotkarten haben, als wir auswählen können, sollte man sich daran erinnern, dass die erste Hälfte des 20. Jahrhunderts nicht so gesegnet war, was die Auswahl betraf. Es gab das Oswald-Wirth-Kartendeck von 1889, das 1929 neu aufgelegt wurde, und das Rider-Waite-Smith-Tarot von 1909; dann das Knapp-Hall-Kartendeck von 1929; das Lasenic-Tarot, das 1938 von Pierre de Lasenic herausgegeben und von Vladislav Kuzel (1898–1965) gezeichnet wurde, und eine Handvoll anderer, aber wenn Sie nicht gerade in Italien unterwegs waren, wo regionale Tarotkarten erhältlich waren, war Ihre Auswahl begrenzt.

Mit der Veröffentlichung des *Tarot Médiéval* schufen Francis Rolt-Wheeler und Christian Loring bewusst eine neue und romantischere Bildsprache für das Tarot, indem sie die esoterischen Ideen des späten 19. und frühen 20. Jahrhunderts zusammenfassten, sie aber in den spätmittelalterlichen Stil des italienischen Tarot einbetteten, der als erster die Welt zierte. Bei der Erstellung des Tarot-Textes stützte sich Rolt-Wheeler weitgehend auf seinen eigenen Fernkurs über Tarot, Kabbala und den Weg der Initiation, *Le Cabbalisme Initiatique* (3 Bände), der zwischen 1936 und 1940 veröffentlicht wurde. Er stützte sich auch stark auf zwei populäre Bücher, die geschrieben wurden, als Rolt-Wheeler noch in den Vereinigten Staaten lebte – *The Key to the Universe* und *The Key to Destiny*, geschrieben von Harriette Augusta Curtiss und F. Homer Curtiss im Jahr 1917. Diese Bücher enthüllten und beschrieben das Tarot in einer der ersten öffentlichen Erweiterungen des Tarot als Initiationsweg, und viele Punkte wurden aus diesen Büchern in das *Tarot Médiéval* übernommen, insbesondere die Symbole und Titel der großen Arkana und die Numerologie jeder Karte.

War Rolt-Wheeler selbst ein Magier? Wie viele der oben erwähnten Personen war er ein Mann, der dem esoterischen Weg folgen und andere darüber informieren, unterweisen und ermutigen wollte, dies ebenfalls zu tun. Seine esoterische Zeitschrift *L'Astrosophie* erschien von 1929 bis 1958, abgesehen von den Kriegsjahren, in denen solche Dinge von den Nazis verboten wurden. *L'Astrosophie* wurde größtenteils von ihm selbst verfasst, enthielt aber auch Artikel, die von anderen esoterischen Zeitschriften übernommen oder übersetzt wurden. Die Zeitschrift war voll von seinen eigenen Artikeln zu allen möglichen Themen, von Gebet bis Meditation, von astrologischen Vorhersagen über bevorstehende Ereignisse vor dem Zweiten Weltkrieg bis hin zu den Absichten herausragender politischer Persönlichkeiten. Daraus können wir ersehen, dass Rolt-Wheeler kein Hobby-Okkultist war, sondern sich mit den hohen esoterischen

Prinzipien auseinandersetzte. Er leitete mehrere Fernkurse zu den wichtigsten Schulungsthemen der Esoterik: Tarot, Kabbala, Astrologie. Er stand in Kontakt mit esoterischen Schriftstellern und Kulturschaffenden in der gesamten westlichen Welt. Dem Leser wird klar, dass Rolt-Wheeler selbst nicht vollständig mit der Geschichte des Tarot vertraut war, da er an einer Stelle von „vorchristlichen" Versionen der Priesterin/Päpstin-Karte sprach: Natürlich gibt es keine Versionen von Tarotkarten vor dem frühen 15. Jahrhundert, da diese erst in Italien entstanden sind – was zeigt, wie weit verbreitet die Idee der Bembine-Tafel und der ägyptischen Ursprünge im französischen esoterischen Denken war!

Rolt-Wheeler war eher ein Inspirator und Fackelträger für esoterische Arbeit, ein neuzeitlicher Bibliothekar verlorener Texte, ein Bewahrer und Hüter der Lehren, die die Bibliothek von Alexandria – im 1. Jahrhundert n. Chr. zerstört – sowohl beherbergt als auch geehrt hätte. Seine eigene formale magische Ausbildung könnte aus einer Mischung aus freimaurerischem und magischem Unterricht stammen, aber wir können nicht vollständig bestätigen, welchen Gruppen er angehörte. Rolt-Wheeler folgte größtenteils seinem eigenen Weg und schuf in seinen Beschreibungen der Karten eine eklektische Mischung aus magischer Überlieferung, mittelalterlicher christlicher und heidnischer Symbolik, wobei er sich hauptsächlich von der etablierten Oswald-Wirth/Französischen Schule des esoterischen Denkens inspirieren ließ.

Die mittelalterliche Vision, auf die sich Christian Loring bei seiner Kunst stützte, war eindeutig eine, mit der er sich sehr verbunden fühlte, vielleicht inspiriert von Wirths Neuauflage seines Tarot, das auf den „Handwerkern des Mittelalters" basiert. Seine harschen Worte über die grellen und grotesken Darstellungen der Tarotkunst (siehe S. 14) rühren von den schlechten Reproduktionen der Tarotkarten her, die zu seiner Zeit erhältlich waren, und von den manchmal grob gearbeiteten Holzschnitten früherer Zeiten. Die Neuerungen in Pamela Coleman Smiths Kunststil, der trotz der Darstellung von Figuren in mittelalterlichen Kostümen in einem sehr modernen Stil gemalt war, haben ihn offensichtlich nicht inspiriert. Rolt-Wheeler spricht mit einer tiefen Sehnsucht nach dem Mittelalter, trotz der Fülle an esoterischem Wissen, das vom 19. Jahrhundert inspiriert ist und das er um sein Tarot wickelt. Da er in Frankreich lebt, ist er sich des mittelalterlichen Erbes seines Gastlandes und dessen weitreichenden Einflusses auf die europäische Geschichte und Kultur nur allzu bewusst. Es handelt sich natürlich um eine idealisierte Vision, die eher auf den mythischen Erzählungen der *Matière de France*, von Karl dem Großen und Roland sowie auf den Geschichten seines eigenen Geburtsrechts, der *Matière de Britain*, von König Artus und den Gralslegenden basiert. Wie sehr muss er sich im Zuge des heraufziehenden Krieges an diese Mythen geklammert haben, als das zivilisatorische Licht der europäischen Kultur dunkler und schwächer wurde, als der Faschismus seine immer breiter werdenden Wellen der Brutalität ausbreitete – und alle mit Angst und Unsicherheit ergriff, und wie sehr muss er die Fackel der magischen Tradition mit beiden Händen hochgehalten haben, um die Dunkelheit abzuwehren, die die Welt bedrohte.

WARUM DIE KABBALAH?

In den letzten zweihundert Jahren hat sich um das Tarot eine Fülle esoterischer Überlieferungen und symbolischer Zuschreibungen angesammelt, sodass jeder vernünftige Tarot-Leser wahrscheinlich befremdet oder verwirrt ist: Tatsächlich wimmelt es an den Rändern einiger sehr esoterischer Tarotkarten oft von konkurrierenden Symbolen, bis zu dem Punkt, an dem das Hauptbild auf der Karte selbst in die Bedeutungslosigkeit zurückzutreten scheint. Von allen astrologischen, mythischen und anderen Überlieferungen, die das Tarot angezogen hat, ist keine umstrittener als die Zuschreibung der kabbalistischen Symbolik zum Tarot. Das Entstehungsdatum des Tarot liegt um 1425 in Norditalien. Was ist also die Kabbala und was um alles in der Welt hat sie mit dem Tarot zu tun? Ich werde versuchen, die beiden kurz und bündig voneinander zu trennen, damit der Leser versteht, warum sie im *Tarot Médiéval* auftaucht.

Kabbala ist die Lehre von der mystischen Überlieferung des Universums, die im Zentrum des jüdischen mystischen Denkens steht. Die Abstraktionen, Symbole und Konzepte dieses Denkens und seiner Verbindungen werden in einer Baumstruktur, dem Etz Chaim oder Baum des Lebens, dargestellt. Dieser Plan des Baum des Lebens dient Kabbalah-Schülern als Meditationskarte, wobei die zweidimensionale Darstellung auf Papier in der menschlichen Vorstellungskraft dreidimensional (oder mehrdimensional) werden soll. Durch das Studium dieser Prinzipien und ihrer Zusammenhänge schafft der Kabbalist eine engere Verbindung zwischen sich und dem Göttlichen, um auf der Erde mit Tugend und einem Sinn für Dienst am Nächsten zu leben. Neben ihrer hingebungsvollen Seite hat die jüdische Kabbala auch ihre eigene mystische Praxis, die sich vom Studium der hermetischen Kabbala (siehe unten) unterscheidet.

Der Strom der Kraft, der vom Baum des Lebens ausgeht, stammt vom Göttlichen, das als hinter dem Ain (Unmanifestes oder Nichts), dem *Ain Soph* (Grenzenlosigkeit) und dem *Ain Soph Aur* (unendliches Licht) liegend wahrgenommen wird: Diese Kraft wird auf die irdische Ebene übertragen, von zehn Reservoirs oder Gefäßen, den Sephiroth, gehalten und durch sie hindurchgeleitet, wie Rolt-Wheeler sagt:

„Hier ist eine kurze Beschreibung der Sephiroth, um dem Leser einen Schlüssel an die Hand zu geben: An erster Stelle steht das *Ain* oder Absolute, das, wenn es bewusst wird, wiederum das *Ain Soph* oder die göttliche Weisheit offenbart, die sich im *Ain Soph Aur* oder dem unendlichen Licht äußert. Aus dieser dreieinigen Quelle stammen die zehn Sephiroth:

1. Kether – die höchste Krone
2. Chochmah – vollkommene Weisheit
3. Binah – vollkommenes Verständnis
4. Chesed – vollkommene Macht
5. Geburah – vollkommene Gerechtigkeit

6. Tiphareth – vollkommene Schönheit

7. Nezach – vollkommene Liebe

8. Hod – vollkommene Intelligenz

9. Jesod – die Formation, die astrale Sphäre

10. Malkuth – die Grundlage, die materielle Sphäre“

Jede Sephira – der Singular des Plural „Sephiroth“ – enthält eine der Emanationen der göttlichen Kraft. Die Sephiroth sind durch eine Reihe von 22 Pfaden miteinander verbunden, die seit jeher als Meditationshilfen zum Verständnis der Eigenschaften jeder Sephira dienen: Durch die Erhebung der Seele versucht der Kabbalist, diese Eigenschaften nicht nur zu verstehen, sondern sie auch in seinem Leben und im Namen seiner Gemeinschaft zu vermitteln.

Um zu verstehen, wie das Tarot mit der Kabbala in Verbindung gebracht wurde, müssen wir den Weg nachvollziehen, auf dem die Kabbala Teil des westlichen esoterischen Denkens wurde. Es gibt viele verschiedene Schulen der jüdischen Kabbala, die bis heute fortbestehen, aber hier geht es um die hermetische oder christliche Kabbala (ich verwende diese Schreibweise, um die jüdische von der nichtjüdischen Verwendung zu unterscheiden), die viel später mit Hilfe des italienischen Humanisten Pico della Mirandola (1463–1494) entstanden ist. Er versuchte, den Kabbalismus und den Neuplatonismus mit dem Christentum zu versöhnen, und seine einflussreichen Schriften über Hermetik und Kabbala lösten zu einer Zeit, als die Glaubensvorstellungen des christlichen Westens sich schnell der Reformation näherten, eine Welle des Interesses aus, sodass viele Gelehrte mit seinen Lehren vertraut wurden.

Ein Jahrhundert später nahm der deutsche Jesuit und Universalgelehrte Athanasius Kircher kabbalistische Ideen mit demselben Enthusiasmus auf wie ägyptische Hieroglyphen, hermetische Ideen und die griechische Philosophie, mit denen er sein Werk anreicherte. Kirchers Studien waren ein Versuch, zu einer ökumenischen Sichtweise der Weltreligionen in der Geschichte zu gelangen. Sein eigenes

Verständnis der Kabbala, das in seinem *Oedipus Aegyptiacus* dargestellt wird, widersprach jedoch dem authentischen jüdischen kabbalistischen Verständnis; seine Version des Lebensbaums erschien mit den dazugehörigen Buchstaben des hebräischen Alphabets, die jedem der Sephiroth zugeschrieben wurden, aber neben den himmlischen Ordnungen, den klassischen Planeten und so weiter. Sein individuelles und eklektisches Verständnis sollte die Grundlage für die hermetische Kabbala bilden, die sich immer noch in gewissem Widerspruch zum jüdischen kabbalistischen Studium befindet, aber noch weiter gehen und komplexer werden sollte. Während Kirchers planetarische Zuschreibungen zum Baum des Lebens zu einem festen Bestandteil des westlichen esoterischen Denkens werden sollten, sollten seine hebräischen Zuschreibungen zum Baum im Laufe der Jahrhunderte noch weitere Veränderungen erfahren. Aus solchen hermetischen Studien entstand nach der Reformation die Rosenkreuzerbewegung von 1614, in der die Idee der verborgenen Weisheit der Zeitalter mit der Vorstellung von Gruppen verborgener Initiierter verschmolzen wurde, was die Entstehung der Freimaurerei weiter befeuerte: Hier wurden die Mysterien in der westlichen Welt wiedergeboren, und aus der Verschmelzung all dieser Ideen entstand die moderne hermetische Magie.[19]

Die heute als Standard geltenden esoterischen Assoziationen des Tarot mit der Kabbala entstanden erst im 18. Jahrhundert mit dem Aufkommen der französischen esoterischen Wiederbelebung. Antoine Court de Gébelin war ein Schweizer Gelehrter und Freimaurer, der in seinem neunbändigen Werk *Le Monde Primitif* ein goldenes Zeitalter in der Antike postulierte, in dem die Menschheit eine gemeinsame Sprache, Kultur und Religion teilte, von der jede nachfolgende Zivilisation abstammte. Diese Idee hat sich in der Folge als sehr populär erwiesen, sowohl in sensationslüsternen Spekulationen über die Antike als auch in der gemäßigteren Studie der „immerwährenden Tradition". In Band VIII berichtet de Gébelin, wie er das Tarot intuitiv als „ein ägyptisches Buch, das der Barbarei entkommen ist" und den Wechselfällen der Zeit entgangen ist, verstand.[20] Er er-

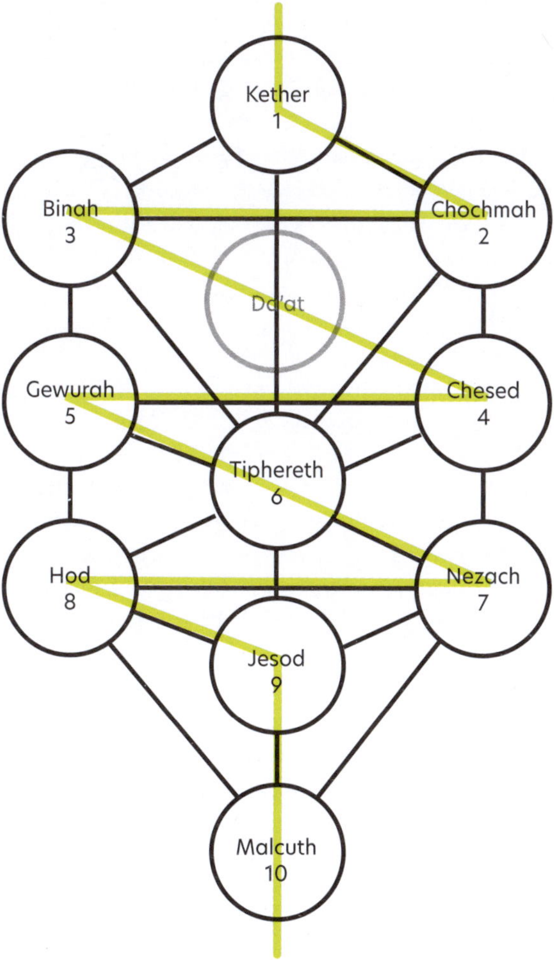

BILD 2. *Der Etz Chaim oder Baum des Lebens, hier dargestellt mit dem Blitz – dem göttlichen Kraftfluss den Baum hinunter – und der geheimnisvollen Sephira Da'at (inneres Wissen). https://commons.wikimedia.org/wiki/Category:Tree_of_life_ (Kabbalah)#/media/File:Tree_of_life_wk_02.svg*

klärte auch fälschlicherweise, dass die 22 Trümpfe durch Buchstaben nummeriert wurden, die im ägyptischen und hebräischen Alphabet gleich sind. Das hebräische Alphabet mag zwar 22 Buchstaben haben, das ägyptische Alphabet jedoch nicht. So will es die Laune des Schicksals, dass Court de Gébelins weitschweifige Ausführungen von einem französischen Freimaurer, dem Comte de Mellet (1727–1804), aufgegriffen wurden, der in seinem eigenen Essay über das Tarot das hebräische Alphabet weiter mit den Tarot-Trümpfen in Verbindung brachte, allerdings in einer ganz anderen Reihenfolge.

In Anlehnung an Athanasius Kircher war es der Magier Éliphas Lévi, der die 22 Tarot-Trümpfe den Pfaden zuordnete, die die Sephiroth oder Sphären des Lebensbaums verbinden, und ein magisches System entwickelt. Später änderte der britische Magier Samuel MacGregor Mathers (1854–1918) vom Hermetic Order of the Golden Dawn Lévis Methode der kabbalistischen Assoziation auf dem Tarot, während die Oswald-Wirth-Tarotschule weiterhin der Methode von Éliphas Lévi folgte. Der Golden Dawn nahm auch weitere Änderungen an Lévis System vor, indem er dem Narren die Zahl Null zuordnete, anstatt sie zwischen dem Urteil und der Welt zu platzieren, wie Lévi es getan hatte: Dadurch verschoben sich alle Tarot-Zuordnungen zum hebräischen Alphabet um einen Buchstaben nach unten, mit dem Ergebnis, das Sie in Bild 3 sehen können. Außerdem vertauschte der Golden Dawn die Karten VIII Gerechtigkeit und XI Stärke, sodass Stärke mit seinem Löwen mit der astrologischen Zuschreibung des Löwen übereinstimmte, während Gerechtigkeit und seine Waagen mit der Waage neu ausgerichtet wurden. Das Rider-Waite-Smith-Tarot folgte diesem Trend des Golden Dawn, und daher haben die meisten modernen Tarotkarten die Gerechtigkeit auf Position XI und die Stärke auf Position VIII. Welche hebräischen Buchstaben den einzelnen Pfaden zugeschrieben wurden, hat sich in den letzten anderthalb Jahrhunderten erheblich verändert, aber Rolt-Wheeler folgte den Zuschreibungen von Lévi und Oswald Wirth.

Eine Studie der Kabbala gilt heute in den meisten Mysterienschulen und magischen Logen als Standard. Diese verwenden oft eine

Mischung aus kabbalistischer Überlieferung und anderem mystischen Wissen, einschließlich des Tarot, um ihre Schüler auszubilden. Pico della Mirandola hätte seine helle Freude daran gehabt, Athanasius Kircher wäre wahrscheinlich entsetzt gewesen.

Um unseren kurzen Blick auf die Kabbala zusammenzufassen, ist es selbst bei einer sehr kurzen Untersuchung der jüdischen Kabbala klar, dass für orthodoxe jüdische Kabbalisten alle Bilder, wie sie auf dem Tarot erscheinen, abscheulich wären und völlig im Widerspruch zu den Gesetzen des Moses stehen, was wahrscheinlich der Grund dafür ist, dass Éliphas Lévi es einfacher fand, die Verbindung des Tarot mit dem ägyptischen Glauben in Einklang zu bringen, obwohl es keine solche Verbindung gab, während er immer noch begeistert einen jüdischen Hintergrund der Magie, wie er sie interpretierte, aufrechterhielt.

Der Tarot-Experte Ronald Dekker hat angedeutet, dass die Umwandlung des Tarot in die Kabbala auf Sha'are Ora oder die „Tore des Lichts" des kastilischen Kabbalisten Joseph Gikatilla (1248–1325) zurückgeführt werden könnte, in denen der Autor von Brunnen, Schätzen, Schwertern und Zweigen spricht, aber bei näherer Betrachtung wird deutlich, dass Gikatilla sich auf die Eigenschaften der Sephiroth als Symbole für Segen, Leid und Pflicht bezieht und überhaupt nicht auf das Tarot.[21]

Als Folge dieser Entwicklungen haben viele moderne Tarotkarten kabbalistische, astrologische, numerologische und andere Entsprechungen angenommen, die alle die Fähigkeit der Tarotkarten, für sich selbst zu sprechen, zu schmälern drohen. Dies ist wahrscheinlich der Grund, warum so viele Tarotkarten die traditionellen Zahlenkarten zugunsten von bildlichen Darstellungen aufgegeben haben, die die Bedeutung jeder Karte durch eine Illustration, die das Auge verstehen kann, explizit vermitteln, ohne dass der Verstand sich abmühen muss, sich an so viele damit verbundene Entsprechungen zu erinnern. Nur wenige moderne Tarot-Nutzer verfügen heute über das tiefgreifende kabbalistische Wissen, um sich durch diese oft problematische Kodifizierung des Tarot zu steuern.

Kartenfolge im *Tarot Médiéval*:	Hebräische Buchstaben *Tarot Médiéval* & Wirth-Tarots		Hebräische Buchstaben Golden-Dawn-Tarot	
I Magier	א	ALEF	ב	BET
II Hohepriesterin	ב	BET	ג	GIMEL
III Herrscherin	ג	GIMEL	ד	DALET
IV Herrscher	ד	DALET	ה	HE
V Hierophant	ה	HE	ו	WAW
VI Liebende	ו	WAW	ז	SAJIN
VII Wagen	ז	SAJIN	ח	CHET
VIII Gerechtigkeit	ח	CHET	ל	LAMED
IX Eremit	ט	TET	י	JUD
X Rad des Schicksals	י	JUD	כ	KAF
XI Kraft	כ	KAF	ט	TET
XII Gehängter	ל	LAMED	מ	MEM
XIII Tod	מ	MEM	נ	NUN
XIV Mäßigkeit	נ	NUN	ס	SAMECH
XV Teufel	ס	SAMECH	ע	AJIN
XVI Turm	ע	AJIN	פ	PE
XVII Stern	פ	PE	צ	ZADE
XVIII Mond	צ	ZADE	ק	KUF
XIX Sonne	ק	KUF	ר	RESCH
XX Gericht	ר	RESCH	ש	SIN
XXI Narr	ש	SIN	א	ALEF
XXII Welt	ת	TAW	ת	TAW

BILD 3. *Ein Vergleich der Zuordnung der hebräischen Buchstaben auf Tarotkarten im Wirth-Stil, basierend auf Lévi, und den Golden-Dawn-Tarotkarten*

Karte	Hebräische Buchstaben	Pfad am Baum des Lebens	Zwischen Sephiroth:
Magier	א ALEF	11	1. Kether - 2.Chokmah
Hohepriesterin	ב BET	12	1. Kether - 3. Binah
Herrscherin	ג GIMEL	13	1. Kether - 6.Tiphareth
Herrscher	ד DALET	14	2. Chokmah - 3. Binah
Hierophant	ה HE	15	2. Chokmah - 6.Tiphareth
Liebende	ו WAW	16	2. Chokmah - 4.Chesed
Wagen	ז SAJIN	17	3. Binah - 6. Tiphareth
Gerechtigkeit	ח CHET	18	3. Binah - 5. Geburah
Eremit	ט TET	19	4. Chesed - 5.Geburah
Rad des Schicksals	י JUD	20	4. Chesed - 6.Tiphareth
Kraft	כ KAF	21	4. Chesed - 7. Nezach
Gehängter	ל LAMED	22	5. Geburah - 6. Tiphareth
Tod	מ MEM	23	5. Geburah - 8. Hod
Mäßigkeit	נ NUN	24	6. Tiphareth - 7. Nezach
Teufel	ס SAMECH	25	6. Tiphareth - 9. Jesod
Turm	ע AJIN	26	6. Tiphareth - 8.Hod
Stern	פ PE	27	7. Nezach - 8.Hod
Mond	צ ZADE	28	7. Nezach - 9. Jesod
Sonne	ק KUF	29	7. Nezach - 10 Malkuth
Gericht	ר RESCH	30	8. Hod - 9.Jesod
Narr	ש SIN	31	8. Hod - 10. Malkuth
Welt	ת TAW	32	9. Jesod - 10. Malkuth

BILD 4. *Große Arkana der Tarotkarten im Wirth-Stil auf Lebensbaum-Pfaden*

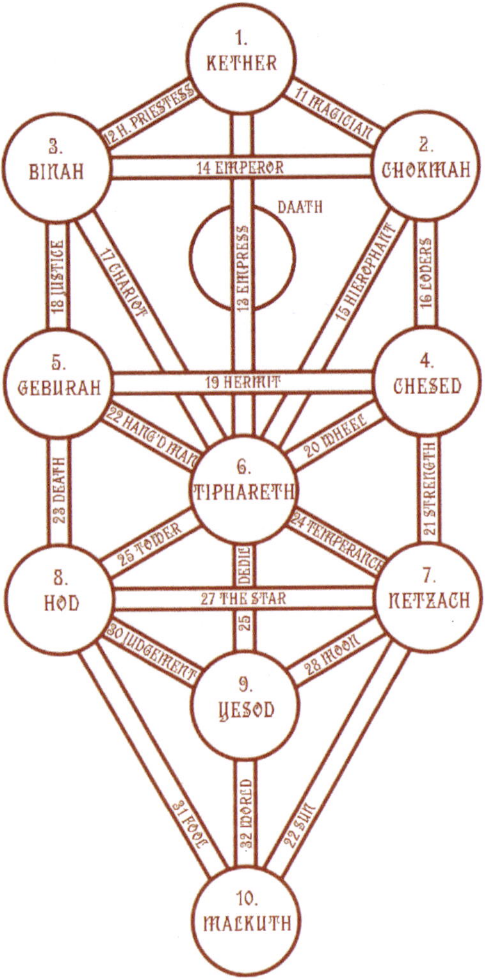

BILD 5. *Große Arkana des Tarot Médiéval auf den Pfaden*

Die magische Arbeit mit dem Baum des Lebens erfordert natürlich ein viel tieferes Studium, als hier gegeben werden kann. So viele Hände haben zu dieser Studie beigetragen, oft mit dem Wunsch, jedes einzelne esoterische Konzept zu verknüpfen und es auf den Baum wirken zu lassen. In dieser Hinsicht unterschied sich Rolt-Wheeler nicht von seinen Lehrern und Kollegen. In seiner Beschreibung des Schwertkönigs verbindet er die esoterischen Ebenen des theosophischen und hermetischen Verständnisses auf eklektische Weise und stellt fest, dass sie „eine starke Beziehung zur zentralen Säule auf dem Baum des Lebens haben, wo wir vier Sephiroth finden: Malkuth, die materielle Sphäre der Erde; Jesod, die lunare Sphäre des Wassers und des Astralen und der Emotionen; Tiphareth, die solare Sphäre der spirituellen und erlösenden Kräfte, die Sphäre des Feuers; und Kether, die ätherische Sphäre der ersten Regungen, die Sphäre der Luft. Es gibt vier Ebenen, so wie es auch vier Welten gibt: Asiyah, Jetzira, Briyah und Atzilut, die den Ebenen Erde, Wasser, Feuer und Luft entsprechen, und mit den Tempeln des Tarot, mit Schekel, Kelchen, Schwertern und Zeptern.“

Rolt-Wheeler verwendet in diesem Buch die vier Welten und die Farben größtenteils als Platzhalter für die materielle, astrale, mentale und spirituelle Ebene.

Die vier Welten der Kabbala sind natürlich viel subtiler, als eine so oberflächliche Behandlung wie diese vermitteln kann, und obwohl die elementaren Zuschreibungen der Farben mit ihnen in Verbindung gebracht wurden, würde ich empfehlen, ein gutes Studium der Kabbala zu suchen, in dem sie ausführlicher behandelt werden. Wenn Sie sich mit der Tarot-Schule im Wirth-Stil befassen möchten, dann lesen Sie *The Revised New Art-Tarot: Mysticism and Qabalah in the Knapp Hall Tarot* von Yolanda M. Robinson.

Rolt-Wheeler betrachtete *Tarot Médiéval* in erster Linie als einen Initiationsweg und weniger als ein Werkzeug der Weissagung. Er sagt uns, dass „das Tarot, als Ganzes betrachtet, eine vollständige Lehre über einen der sieben Schleier der Initiation ist. In diesem Sinne werden wir unsere Interpretation ausrichten“.[22] Während seines Studiums des *Tarot Médiéval* betont er immer wieder, dass „die großen Arkana nicht zur Weissagung verwendet werden sollten, sondern eher, um ein Prinzip oder eine Tendenz festzustellen, oder nur im Falle einer spirituellen Frage.“ Dem Leser mag es rätselhaft erscheinen, dass das Tarot mit solcher Zurückhaltung behandelt werden sollte, aber der Autor betrachtet das Tarot in erster Linie als einen Initiationsweg, der mit dem Weg der Mysterien in Einklang steht und mit ihm in Resonanz tritt. Viele glaubten, dass die Macht der großen Arkana die Lesungen über weltliche Angelegenheiten verdrängen könnte, für die die kleinen Arkana verwendet wurden (siehe S. 180).

Jede spirituelle Tradition hat ihre eigenen Mysterien: Dies sind die zentralen Grundsätze des mystischen Verständnisses, ob wir nun das Christentum mit seinen sieben Sakramenten betrachten oder die Mysterienreligionen der klassischen Antike.

Die Mysterienkulte der klassischen Antike, wie die in Eleusis in Kleinasien oder in Alexandria, waren eine ritualisierte Antwort auf die spirituellen Wege, die die Götter für die Menschheit eröffneten. In Eleusis, in der Nähe von Athen, wurden die Mysterien von Demeter, der Mutter, und ihrer Tochter Persephone saisonal aufgeführt: Die im Herbst angebotene Initiation wurde die „Kleinen Mysterien“ genannt und wurde an Kandidaten vergeben, die sich mit dem Mythos von Persephones Abstieg in die Unterwelt zur Zeit der Ernte identifizierten. Dies ermöglichte es den Kandidaten, die Notwendigkeit zu verstehen, die Erde fruchtbar und bereit für die Kultivierung zu machen, auf einer grundlegenden Ebene, aber auf einer mystischeren Ebene, durch eine rituelle Verkörperung von Persephones Abstieg und der dringenden Suche ihrer Mutter. Sie verstanden auch das Prinzip des Abstiegs der Seele in die Dunkelheit des Todes und des Rückzugs, um wiedergeboren zu werden.

In den Frühlingsriten, wenn die Großen Mysterien gefeiert wurden, konnten diejenigen, die in die Kleinen Mysterien des Herbstes eingeweiht worden waren, besser verstehen, was auf dem spirituellen Weg erforderlich ist. Diese tieferen Mysterien wurden nie erklärt oder niedergeschrieben, denn Schweigen war das Versprechen, das jeder Initiierte hielt, aber diese Riten brachten jede Seele in tiefere Verbindung mit göttlichem Verständnis. Von Demeter lernt die Menschheit die Kunst des landwirtschaftlichen Anbaus, aber durch die Herabkunft von Persephone wird die Wiedergeburt der Seele zu einem lebendigen Mythos, der inspiriert. Ähnlich wie das Umgraben eines Gartens, um das Pflanzen der Samen vorzubereiten, und das abschließende Erblühen einer Pflanze, erforderten diese alten Mysterien eine vorbereitende Reinigung, eine Ausrichtung auf das Herz des Mythos, bevor die Offenbarung des Mysteriums empfangen werden konnte.

Wir können vielleicht einen Einblick in die Natur dieser Mysterien gewinnen, wenn wir uns die Initiationen im Christentum ansehen, bei denen ein Kind zunächst in die christliche Familie hineingetauft wird und so zum Verwandten Christi wird; doch bei der Konfirmation kann dasselbe Kind – nun älter und durch Unterweisung vorbereitet – an der Eucharistie teilnehmen und verstehen, was es bedeutet, „Christus in sich zu haben". Diese Initiationen unterscheiden sich von denen, die in klassischen Mysterienschulen oder modernen Initiationen in magische Orden vorgenommen werden, aber wir können das Muster der Mysterien dennoch als eine serielle und vertiefende Einführung in das Leben der Kirche betrachten, in der Menschen im Sakrament der Ehe miteinander vereint werden oder in der die Gläubigen zu Priestern geweiht oder als Ordensleute in Mönchsorden eingekleidet werden. All dies sind Initiationen.

Das klassische Modell der kleinen und großen Mysterien wurde zum Muster für die Initiation innerhalb magischer Logen und Zirkel, wobei ein Bewerber (der Neophyt) in die Loge aufgenommen und durch eine Reihe von Initiationen in die geheimen Lehren der esoterischen Künste eingeweiht wurde. Auf diese Weise versteht Rolt-Wheeler das Tarot. Für ihn stellen die Karten der kleinen Arkana die kleinen Mysterien dar, wobei wir den vierfachen Pfad der Elemente beschreiten: die vier Farben der Schwerter, Zepter, Kelche und Schekel oder Münzen. Für ihn stellen die großen Arkana die großen Mysterien dar, die uns tiefer in die Gemeinschaft mit den Archetypen und Mythen des esoterischen Verständnisses führen.

Tatsächlich wurden die Begriffe „Große und kleine Arkana" erstmals 1871 vom französischen Esoteriker Paul Christian in seinem Buch Histoire de la Magie verwendet, in dem er die Idee des Tarot als Werkzeug der magischen Erleuchtung aufgriff. Nach ihm wies der Hermetic Order of the Golden Dawn in Großbritannien seine Neophyten an, ihre eigenen Tarotkarten zu erstellen, um den Baum des Lebens und ihren Platz darin besser zu verstehen. Wie wir gesehen haben, stellen die 22 Pfade des Lebensbaums und seine 10 Sephiroth auch einen initiatorischen Weg des Fortschritts dar: Meditation über die Sephiroth und das Beschreiten der 22 Pfade des Lebensbaums waren praktische Methoden, um die kosmischen Muster zu verstehen, wie sie im Tarot dargestellt sind.

Logen und magische Gruppen haben viele verschiedene Arten von Initiationszeremonien, die als Markierungen auf dem königlichen Weg des Dienstes dienen. Die meisten dieser Initiationsformen wurden von den klassischen und gnostischen Mysterien übernommen, wobei der Neuling verschiedene Stufen erklimmt, die auf den planetarischen Lastern und Tugenden basieren: In gnostischen und mithraischen Zeremonien erklomm der Kandidat die Klimax Heptapulos oder die siebenfache Leiter der klassischen Planeten und erreichte die achte Position in einem reiferen und erprobten Seinszustand. Dieser Weg entspricht den vielen Schulen, die sich auf das kabbalistische Modell des Lebensbaums berufen, der ebenfalls sieben Ebenen hat.

Die Parade der großen Arkana, wie eine große mittelalterliche Prozession, entfaltet Themen von größerer Bedeutung als die kleinen Arkana mit ihren Zahlenkarten und Hofkarten, die von alltäglicheren Dingen sprechen, aber das bedeutet nicht, dass wir nicht Fragen zu beiden Arkana stellen können.

In seinem Kommentar zum Hierophanten offenbart uns Rolt-Wheeler die drei wesentlichen Dinge, die erforderlich sind, um ein Initiierter zu sein:

1. Ein theoretisches Wissen über den göttlichen Plan, die Prozesse der spirituellen Evolution und die praktische Kraft, diese Evolution in Einklang zu bringen.

2. Ein theoretisches Wissen über die Rolle, die die Menschheit in dieser Entwicklung spielen muss, einschließlich der Pflicht, die einer Generation, einem Land, einer Gruppe von Menschen und den Neulingen selbst auferlegt wird, mit der praktischen Kraft, ihren eigenen Teil zu leisten, indem sie ihrer Bruderschaft helfen.

3. Ein tiefes Wissen über esoterische und mystische Prinzipien, mit der erworbenen Kraft, auf den spirituellen Ebenen zu reisen, wo man mit den höheren Mächten in Kontakt treten kann, bevor man bewusst die Lehre empfängt, die schließlich an andere Menschen weitergegeben wird. Es ist klar, dass der Strom nicht höher steigen kann als seine Quelle und dass die Menschheit nicht emporgehoben werden kann, wenn die evolutionäre Kraft nicht ständig von oben genährt wird.

Er spricht von den siebenfachen Wächtern der Initiationen:

„Es gibt sieben Zahnräder, die die dynamische Energie des Universums lenken, und der Mensch, der diese sieben Zahnräder bedienen kann, muss den Zustand des Kampfes überwinden, um eine ruhige Selbstbeherrschung zu erlangen. Es geht nicht nur um die Überwindung der Materie, sondern um die Kontrolle der Materie selbst. Es ist notwendig, eine dreifache Selbstbeherrschung zu erlangen: Körper, Seele und Geist, auf den vier Welten, die in jedem von uns sind. Es ist ein spiritueller Sieg über die materielle Ebene. Es ist erwähnenswert, dass die Lehren des Tarot keine asketischen Praktiken zulassen, um den Sieg über den physischen Körper zu erringen; es ist nicht erlaubt, Lehren einzuschränken, die die mentalen Kräfte schwächen würden; es ist insbesondere nicht erlaubt, die spirituelle Arbeit zu vergessen, die die Gesundheit des Geistes ermöglicht."

Auf dem Weg der Initiation gibt es viele Fallstricke. Rolt-Wheeler veranschaulicht dies für uns, indem er die Mondkarte nimmt und die beiden Eckzähne von Hund und Wolf kommentiert – in Anlehnung an den französischen Ausdruck für Dämmerung, „entre chien et loup" oder „zwischen Hund und Wolf", was auf die trügerische Unfähigkeit hinweist, die beiden im Halbdunkel leicht anhand ihrer Form oder Farbe zu unterscheiden – und die Gefahr, die der Flusskrebs im Wasser für uns birgt:

Der Neuling muss die drei Schmeicheleien des Hundes überwinden:

1. Die falschen und kriecherischen Freunde, die versuchen, etwas für sich selbst von ihm zu bekommen.
2. Übermäßige Selbstzufriedenheit
3. Die Versuchung, erfolgreich zu sein, mit der die dunklen Mächte versuchen, ihn zu Fall zu bringen.

Dann muss der Neuling die drei Feindseligkeiten des Wolfes überwinden:

1. Der offensichtliche Feind, der nichts tut, um seine Feindseligkeit zu verbergen.
2. Grausamkeit gegen sich selbst

3. Der aktive Hass der Bruderschaft der Schatten, die versuchen, ihn einzuschüchtern.

Dann muss der Neuling die drei Versuchungen der Krebse überwinden:

1. Die gewohnten Werte ihrer Familie, Klasse oder Rasse.
2. Die scheinbar trivialen Gewohnheiten des Lebens, die wie eiserne Fesseln sind.
3. Die primitive Sinnlichkeit, die immer an der Oberfläche lauert und vor der sie in Momenten der Unachtsamkeit auf der Hut sein muss.

Auf diese Weise gibt der Autor klare Anleitungen, wie wir mit jeder Karte auf initiatorische Weise arbeiten können.

Rolt-Wheeler entlehnt ein Schema direkt aus Paul Christians *Histoire de la Magie* (Geschichte der Magie) von 1871 und sieht die ersten neun Arkana als das Innenleben des Neophyten berührend an, während die neun folgenden Arkana das aktive Leben des Eingeweihten offenbaren. Das letzte Quartett der großen Arkana besteht aus XIX Sonne, XX Gericht, XXI Der Narr und XXII Die Welt. Von den beiden Gruppen mit neun Karten führt uns die erste Gruppe in die persönliche Initiation (I–IX) und die zweite Gruppe (X–XVIII) offenbart die Entwicklung des Strebens in seiner Beziehung zu anderen; ihnen folgt das Quartett der Karten, die die spirituelle Alchemie betreffen, die unter dem Namen „Das Große Alchemistische Werk" bekannt ist. Wie der Leser feststellen wird, sind die Zahlen jeder Karte in der Reihe der Kleinen Mysterien auch die Summe der Zahlen in der Reihe der Großen Mysterien: z. B. ist Mäßigkeit 14 und 1 + 4 = 5 die Zahl des Hierophanten oder Papstes, oder Gerechtigkeit 8 findet sich in der 17 des Sterns, 1 + 7 = 8. So schafft diese Karte Paare verwandter Initiationen und Schritte auf dem Weg.

DAS INNERE LEBEN DES NEOPHYTEN: DIE KLEINEN MYSTERIEN	DAS AKTIVE LEBEN DES INITIIERTEN: DIE GROSSEN MYSTERIEN	DAS GROSSE ALCHEMISTISCHE WERK:
1 Magier	10 Rad des Schicksals	19 Sonne
2 Hohepriesterin	11 Kraft	20 Gericht
3 Herrscherin	12 Gehängter	21 Narr
4 Herrscher	13 Tod	22 Welt
5 Papst	14 Mäßigkeit	
6 Liebende	15 Teufel	
7 Wagen	16 Turm	
8 Gerechtigkeit	17 Stern	
9 Eremit	18 Mond	

BILD 6. *Die Initiationsmuster der großen Arkana*

Wie wir der folgenden Tabelle entnehmen können, lernen wir alle, uns auf dem Weg der Kleinen Mysterien zu beherrschen, damit wir wissen, wie wir die entsprechenden Kräfte in den Großen Mysterien ausbalancieren können. Das Große Werk ist vollendet, wenn der horizontale Weg der Kleinen Mysterien den vertikalen Weg der Großen Mysterien ermöglicht hat: Auf dem Kreuz, das dadurch entsteht, kann die Rose der Mysterien endlich erblühen.

KLEINE MYSTERIEN	INITIATIONSAUFGABEN
I Magier	Die Werkzeuge des Handwerks erlernen; von oben empfangen, an alle unten weitergeben
II Hohepriesterin	Die Geheimnisse des Mysteriums erlernen; Wissen zusammenfassen und die Wahrheit ehren
III Herrscherin	Erlernen der mentalen Evokation durch kreative Vorstellungskraft; Verständnis der spirituellen Evolution
IV Herrscher	Lernen, wie man spirituelle Kräfte manifestiert und transformiert
V Hierophant	Die Koordination des Gleichgewichts von spiritueller Kraft, Handlungsfähigkeit und Wissen
VI Liebende	Über den freien Willen lernen; die Verantwortung für die eigenen Entscheidungen und Handlungen entdecken
VII Wagen	Lernen, wie man den Lebensweg mit Gelassenheit meistert
VIII Gerechtigkeit	Lernen, wie man Ordnung ins Chaos bringt
IX Eremit	Aus der Stille lernen, das Licht teilen, um andere zu führen

GRÖSSERE MYSTERIEN	INITIATIONSAUFGABEN
X Rad	Lernen, das Rad der Magie zu drehen, um das Leben in Aktion zu beleben
XI Kraft	Lernen, die Moral aufrechtzuerhalten: Teil der goldenen Kette der Initiierten werden
XII Gehängter	Lernen, unseren spirituellen Schatz zu nutzen: Hingabe an die Arbeit
XIII Tod	Lernen, Materie in Geist umzuwandeln
XIV Mäßigkeit	Selbstbeherrschung lernen; wie man vergangene Leben mit dem gegenwärtigen in Einklang bringt

BILD 7. *Die Initiationen der großen Arkana*

XV Teufel	Lernen, den Versuchungen der Selbstgefälligkeit und der spirituellen Selbstsabotage zu widerstehen
XVI Turm	Lernen, Stolz und Überheblichkeit zu überwinden
XVII Stern	Lernen, die Schönheit der Seele zu offenbaren; die Seele mit Hoffnung nähren
XVIII Mond	Lernen, Illusionen zu erkennen; Ehrgeiz, Schmeichelei und Feindseligkeit überwinden

DAS GROSSE WERK	INITIATIONSAUFGABEN
XIX Sun	Transmuting the soul to gold; joy, spiritual strength and love.
XX Gericht	Transmuting death into eternal life; liberation, healing, rebirth.
XXI Fool	Transmuting ignorance into intelligence, agitation into tranquillity.
XXII World	Transmuting the spiritual into the divine: completing the path.

BILD 7. *Die Initiationen der großen Arkana (Forts.)*

MEDITATION MIT DEN KARTEN

Die Initiationskräfte der großen Arkana sind auch in den Titeln von Rolt-Wheeler enthalten: So heißt zum Beispiel XVII Der Stern „Die Tochter des Firmaments“ oder „Das, was zwischen den Wassern lebt“. Während die Titel der Karten zumeist aus dem *Tarot of the Bohemians* stammen, das von Oswald Wirth inspiriert wurde, stammen die magischen Titel der einzelnen großen Arkanas aus MacGregor Mathers’ *Book T* und dem Golden Dawn-Tarot-System, ein Beweis dafür, dass Rolt-Wheeler durchaus in der Lage war, die französischen und englischen magischen Systeme zu vermischen.

Karte	Titel von Rolt-Wheeler:	Titel von MacGregor Mathers:
I Magier	Mächtiger Magier	Magus der Macht
II Hohepriesterin	Priesterin der Sterne	Priesterin des silbernen Sterns
III Herrscherin	Tochter des Allmächtigen	Tochter der Mächtigen, Sonne/Sohn des Morgens
IV Herrscher	Oberhaupt der Mächtigen	Oberhaupt unter den Mächtigen
V Hierophant	Magier der Ewigkeit	Magus des Ewigen, Kinder der Stimme
VI Liebende	Orakel der zwei mächtigen Götter	Orakel der Mächtigen, Kinder der Stimme
VII Wagen	Herr des Triumphs und Lichts	Herr des Triumphs des Lichts
VIII Gerechtigkeit	Tochter der Herren der Wahrheit	Herrscherin der Waage
IX Eremit	Prophet der Ewigkeit, der Macht des Wortes	Magus der Stimme der Mach
X Rad des Schicksals	Herr der Mächte des Lebens	Herr der Kräfte des Lebens, Tochter der Herren der Wahrheit
XI Kraft	Tochter der Herren der Wahrheit	Tochter des flammenden Schwerts, Prophet der Ewigkeit
XII Gehängter	Geist der Mächte des Wassers, der zwischen Himmel und Erde schwebt	Geist des mächtigen Wassers, Kind der großen Wandler
XIII Tod	Herr des Tores des Todes, Kind der großen Wandler	Herr des Tores des Todes, Kind der Tochter der Versöhnung
XIV Mäßigkeit	Tochter der Versöhnung, Licht der Tür des Lebens	Bringer des Lebens, Herr des Tors der Materie

BILD 8. *Die magischen Titel der großen Arkana*

XV Teufel	Herr des Tors der Materie, Sohn der Kräfte der Zeit	Kind der Kräfte der Zeit
XVI Blitz-getroffener Turm	Herr der stolzen Heerscharen	Herr der mächtigen Scharen Tochter des Firmaments
XVII Stern	Tochter des Firmaments, Das, was zwischen den Wassern lebt	Bewohner zwischen den Wassern, Herrscher über Zu- und Abfluss
XVIII Mond	Herr der Marschen; Ebbe, Flut & das Salzmeer	Kind der Söhne der Mächtigen
XIX Sonne	Meister des Feuers der Welten	Herr des Feuers der Welt
XX Gericht	Geist des Urfeuers	Geist des ursprünglichen Feuers
XXI Narr	Genie der Transformation	Geist des Äthers
XXII Welt	Herr der Nacht der Zeit	Großer der Nacht der Zeit

BILD 8. *Die magischen Titel der großen Arkana (Forts.)*

Diese magischen Titel bieten reichlich Gelegenheit zur Meditation. Nehmen Sie an einem ruhigen und ungestörten Ort eine Karte, legen Sie sie vor sich ab und machen Sie sich mit ihrem Bild vertraut. Sprechen Sie die Figur auf der Karte mit ihrem Titel an und bitten Sie darum, ihr Reich zu betreten, zum Beispiel den Mond: „Oh Herr der Marschen, führe mich zwischen Ebbe und Flut des Salzmeeres, damit ich dein Geheimnis betrachten kann." Betreten Sie die Karte in Ihrer Vorstellung, achten Sie darauf, was Ihnen gezeigt wird. Kehren Sie zurück und machen Sie sich Notizen, bedanken Sie sich bei der Figur auf der Karte mit „Ich danke dir, oh Meister der Marschen. Möge dein Geheimnis in meiner Seele offenbart werden." Kehren Sie in den Normalzustand zurück und legen Sie die Karte wieder in den Stapel.

DER KÖNIGLICHE WEG UND DIE SIEBEN SCHLEIER DER INITIATION

Inwiefern ist das Tarot „eine vollständige Lehre der sieben Schleier der Initiation“? Die sieben Schleier, über die Rolt-Wheeler in seinem Werk schreibt, stammen aus dem mesopotamischen Mythos der Göttin, der sumerischen Inanna, die später von den Akkadiern, Babyloniern und Assyrern als Ischtar verehrt wurde. Ihr Mythos handelt von ihrem Abstieg in die Unterwelt, der dadurch vollzogen wird, dass sie an jedem ihrer Tore eines ihrer Attribute aufgeben muss. Diese Attribute entsprechen nicht nur Körperteilen, sondern auch den sieben Ebenen des Lebensbaums, die als „sieben Schleier“ bezeichnet werden. Wir können sehen, wie der assyrische Mythos und die Sephiroth des Lebensbaums miteinander korrespondieren und den Initiationsweg (Lehtu) offenbaren.

In dem Mythos wird Ischtar völlig nackt ausgezogen und wie der Gehängte an einen Haken gehängt, wo sie leidet, bis sie befreit wird und ihre Attribute eines nach dem anderen zurückerlangen kann. Bezeichnenderweise ist Ishtars Symbol der achtzackige Stern,

Ishtar gibt auf	von ihrem Körper	Die siebenstufige Leiter der Initiation
Krone	Kopf	Kether
Ohrringe	Ohren	Chokmah & Binah
Kette	Nacken	Daath
Broschen	Brust	Chesed & Geburah
Gürtel	Hüfte	Tiphareth
Fußkettchen	Knöchel	Nezach & Hod
ihre Kleidung	ihren ganzen Körper	Jesod & Malkuth

BILD 9. *Die siebenstufige Initiationsleiter im Mythos von Ischtar*

der in vielen Tarotkarten auf der Sternkarte abgebildet ist, denn Ishtar wird nach ihrem Abstieg und Wiederaufstieg zur Herrin der achten Ebene, was als Modell für die Initiation angesehen werden kann. Sie hat sich über die sieben Schleier oder Ebenen erhoben und erleuchtet, wie die Schechina, die der Menschheit aus dem Paradies in die Welt der Manifestation folgte, den Weg aller, die dem Weg der Initiation folgen. Jeder, der den Weg der Initiation beschreitet, kann davon ausgehen, dass dieser „königliche Weg" der Initiation, wie Rolt-Wheeler ihn nennt, eine Reihe wundersamer Erhebungen und Erleuchtungen bereithält. Nach einem kurzen Versuch wird klar, dass zunächst eine Menge materieller Ballast abgeworfen werden muss und dass die Initiation von uns verlangt, unser Leben zu klären, bevor irgendwelche Erhebungen auf uns zukommen. Es geht nicht um rituelle Demütigung, sondern um Selbsterkenntnis.

> Durch Kether suchen wir nach spirituellem Licht, das uns die kosmische Krone des ewigen Lebens verleiht.
>
> Durch Chokmah widmen wir uns dem Erlangen von Weisheit.
>
> Durch Binah nähern wir uns den Mysterien mit Demut, um die Offenbarung des Verstehens zu empfangen.
>
> Durch Chesed vermitteln wir allen die Barmherzigkeit des Göttlichen und kümmern uns mit Mitgefühl um unsere Mitmenschen.
>
> Durch Geburah disziplinieren wir uns selbst, damit wir verantwortungsbewusst leben und niemandem Schaden zufügen.

Durch Tiphareth streben wir danach, in Harmonie und Einklang zu leben.

Durch Nezach beharren wir mit Glauben und Ausdauer trotz aller Schwierigkeiten.

Durch Hod studieren wir die Mysterien mit Respekt und Vernunft.

Durch Jesod praktizieren wir die Prinzipien, die die Grundlage der Mysterien bilden.

Durch Malkuth halten wir uns an die Gesetze des Königreichs der Erde, damit wir als initiierte Mitglieder der Mysterien in seine Souveränität eintreten können.

Dies sind die wahren Schmuckstücke des Initiierten: keine Sammlung von rituellen Geräten oder persönlichen Emblemen, sondern die innere Weisheit, die uns der Weg lehrt. Mögen die ewig fließenden Eigenschaften des Baumes Ihre Tarot-Studien beflügeln, während Sie Ihre Füße auf den königlichen Weg der Initiation setzen!

KAPITEL 4

TAROT MÉDIÉVAL IM EINSATZ

Praktische Divination

In seinen Schriften betont Rolt-Wheeler, dass die großen Arkana nicht zur Weissagung verwendet werden sollten, es sei denn, es geht um Fragen von Prinzipien oder Tendenzen: In dieser Warnung versteht er die großen Arkana als von höherer Qualität als die kleinen Arkana. Um diese Behauptung zu unterstreichen, weist der Autor jeder Karte eine dominante Bedeutung zu, gibt dem Leser dann aber die üblicheren Bedeutungen, die bei der Weissagung verwendet werden, mit Ausnahme der Weltkarte, die davon ausgenommen ist. Zumindest zögerte Rolt-Wheeler nicht, die Karten auf praktische Weise zur Weissagung zu verwenden, im Gegensatz zu Oswald Wirth, der ursprünglich alle Gedanken an eine praktische Weissagung beiseite geschoben hatte, bis sein eigenes Tarot herauskam und alle seine Freunde nach Lesungen verlangten! Diese Vernachlässigung wurde von Wirth bei der zweiten Auflage seines Tarot behoben.

Moderne Leser mögen die Abneigung, die großen Arkana zu verwenden, befremdlich finden, aber einige Kartenleger in der Vergangenheit weigerten sich tatsächlich, die großen Arkana bei Fragen des täglichen Lebens zu verwenden, da dies bedeutete, dass Karten wie der Teufel, der Turm und der Gehängte in die Lesung einfließen könnten, ebenso wie der größere Einfluss der anderen Trümpfe, und somit eine Lesung „aus dem Rahmen" der eher weltlichen Belange der Frage werfen würden. Diese Frage der „Skala" stellt sich neuen Tarot-Lesern oft, wenn sie ein paar Karten ziehen, um eine gewöhnliche Frage zu den Ereignissen der Woche zu stellen, und dann mit Tod, Gerechtigkeit und einem umgekehrten Hierophanten konfrontiert werden! Die kleinen Arkana befassen sich mit den gewöhnlichen

Alltagsdetails, und es ist nichts Falsches daran, sie von den großen Arkana zu trennen und ein paar kleine Karten für den Kern der Frage zu ziehen, aber nur eine große Karte als Orientierungshilfe, um festzustellen, unter welchen Einfluss die Frage fällt.

Obwohl Rolt-Wheeler selbst hauptsächlich an den initiatorischen und magischen Eigenschaften des Tarot interessiert war, werden wir in diesem Kapitel die praktischen Aspekte der Wahrsagerei des gesamten *Tarot Médiéval* untersuchen und uns mit der Kunst des Lesens mit Zahlenkarten befassen.

LESEN MIT ZAHLENKARTEN

Beim *Tarot Médiéval* ist auf den Zahlenkarten der kleinen Arkana nur die Zahl des Emblems abgebildet. Leser, die nicht an Zahlenkarten ohne Abbildung gewöhnt sind, müssen sich daher an eine andere Lesart gewöhnen. Wenn die visuellen Hinweise fehlen, gewinnen die Zahl und die Farbe der Karte eine viel größere Bedeutung für die Interpretation. Die folgende Lesemethode ist eine ältere und eher kartomantische Methode, die sich auf das Verständnis der Farbe, der Zahl der Karte oder ihres Rangs stützt. Wenn Sie lieber dieser Methode folgen möchten, werden Sie feststellen, dass sie Ihnen bei jedem Tarot, mit dem Sie nicht vertraut sind, gute Dienste leistet, insbesondere wenn es Zahlenkarten ohne Abbildungen gibt.

Da es sich beim *Tarot Médiéval* um ein esoterisches Tarot handelt, können wir jede Zahl und Farbe dem Lebensbaum zuordnen und die Dinge anhand der 10 Sephiroth und der 4 Welten berechnen. Hier sind einige aussagekräftige Schlüsselwörter, die sowohl die ausdehnenden als auch die einschränkenden Seiten jeder Karte durch den Fokus jedes Sephiroth zeigen: Wir können nicht wirklich negativ über die Sephiroth sprechen, da es sich um göttliche Eigenschaften handelt, die auf uns einströmen, aber wir können die Abwesenheit ihres Einflusses auf unser Leben und unsere Handlungen erkennen, oder wenn wir nicht auf ihre Eingebungen reagieren.

Durch die Kombination der untenstehenden Vorlage mit den vier Anzügen darunter kann eine flexiblere Art des Lesens entdeckt werden, indem Schlüsselwörter entsprechend dem Kontext der Frage zusammengelegt werden. Zum Beispiel 5 Schwerter aufrecht in einer Lesung über die Verbesserung der Gesundheit: Disziplin + energisch = Bewegung. Fünf Schwerter umgekehrt in einer Lesung über politisches Handeln: kraftvoll + Kampf = ein Aufstand. Bei einer Frage zum Umgang mit der Unnachgiebigkeit eines Ex-Partners könnten die 5 Schwerter jedoch durchaus so interpretiert werden, dass Sie Ihren angeborenen Gerechtigkeitssinn auf die dominierenden Tendenzen des Ex-Partners anwenden. Wenn Sie sich von der Frage leiten lassen, können Sie die Karten viel flexibler und dynamischer lesen.

Wir müssen uns noch einmal daran erinnern, dass Rolt-Wheeler die Bedeutungen der Symbole vertauscht hat, sodass Schwerter mit Feuer und nicht mit Luft und Zepter oder Stäbe mit Luft und nicht mit Feuer in Verbindung gebracht werden. Dies kann verwirrend sein, wenn man an die umgekehrte Reihenfolge gewöhnt ist!

NR.	SEPHIRA:	THEMEN
Ass	KETHER	Anfänge, Wegweisung, Motivation, Führung. Nicht auftauchen, blockieren, betören, zurückbleiben
2	CHOKMAH	Weisheit, Begegnung, Dialog, Transaktion. Bedeutungslosigkeit, Abschied, Ignorieren, Vorenthalten
3	BINAH	Verstehen, Wachstum, Entstehen, Fördern. Unverständnis, Unfruchtbarkeit, Rückzug, Sorglosigkeit
4	CHESED	Macht, Ordnung, Erhaltung, Ermutigung. Schwäche, Unordnung, Nachlässigkeit, Tadel
5	GEBURAH	Gerechtigkeit, Anpassung, Bemühung, Disziplin. Urteil, Starrheit, Kampf, Bestrafung
6	TIPHARETH	Harmonie, Liebe, Gesundheit, Gleichgewicht. Zwietracht, Nachlässigkeit, Instabilität
7	NEZACH	Sieg, Gelegenheit, Ausdauer, Glaube Verpasste Chance, mangelnde Ausdauer, Unterstellung.
8	HOD	Intelligenz, Konsolidierung, Vernunft, Neubewertung. Zerrissenheit, Unruhe, Aberglaube, Unzufriedenheit.
9	JESOD	Kreative Grundlage, Vision, Fluss, Konsolidierung. Überambition, Illusion, Übersättigung, Enttäuschung.
10	MALKUTH	Königreich, Verwirklichung, Fülle, Vollendung. Enteignung, Versagen, Mangel, Auflösung.

BILD 10. *Hinweise zum Lesen der Zahlen aus den Zehn Sephiroth*

Wenn Sie eine Reihe oder einen Kartenlauf ziehen und Karten derselben Farbe finden, deren Anzahl ab- oder zunimmt (z. B. 2 Zepter gefolgt von 8 Zeptern), dann wird etwas in Ihrer Lesung ehrgeiziger oder dominanter: Ähnlich verhält es sich, wenn Sie 9 Schekel gefolgt von 3 Schekel haben, dann steht in der Regel weniger Geld oder Ressourcen für das zur Verfügung, was Sie geplant haben.

Ebenso verstärkt das Ziehen von zwei bis vier Karten mit derselben Zahl in einer Lesung auch das, worüber die Karten sprechen: Wenn Sie also drei Karten mit der Zahl 4 haben, werden sie darüber sprechen, wie ordentlich alles ist, oder, wenn sie umgekehrt sind, in welch schwachem Zustand sich die Dinge befinden. Wenn Sie nur drei Sätze derselben Zahl ziehen, achten Sie darauf, welche Farbe fehlt – dies ist oft sehr aufschlussreich, da die fehlende Farbe manchmal auch der Faktor ist, der in der Frage fehlt. Wenn Sie also bei einer Lesung über die Fertigstellung eines kreativen Projekts alle außer den 3 Schwertern gezogen haben, fehlt Ihnen möglicherweise die Energie, um es abzuschließen.

FARBEN	SCHLÜSSELWÖRTER UND EIGENSCHAFTEN:
SCHWERTER Feuer	Kreativ, passioniert, intuitiv, extrovertiert, energiegeladen, gesellig, impulsiv, dominant, reaktiv, gesellig, technisch, Kraft
ZEPTER Luft	Rational, aggressiv, nachdenklich, ehrgeizig, analytisch, kritisch, intellektuell, prägnant, wissenschaftlich, grausam
KELCHE Wasser	Hingebungsvoll, aufmerksam, emotional, romantisch, liebevoll, sehnsüchtig, großzügig, intim, künstlerisch, herzlos, launisch, mitfühlend
SCHEKEL Erde	Körperlich, materiell, sinnlich, vorsichtig, sicher, erfahren, finanziell, besitzergreifend, pragmatisch, eigennützig, umsichtig, gemäßigt

BILD 11. *Schlüsselwörter und Eigenschaften der Kombinationen*

Hofkarten werden bei der Wahrsagerei meist als Personen gedeutet, sie können aber auch Modalitäten und andere Eigenschaften anzeigen. Denken Sie auch daran, dass die Höfe jedes menschliche Wesen beschreiben können. Wenn Sie flexibler sein möchten, können Sie die oben genannten Eigenschaften der Kartenfarben mit den Rollen der Hofkarten kombinieren.

HOF-KARTEN	ROLLEN UND MODALITÄTEN
KÖNIG	Autoritär, gebieterisch, erfahren, umsichtig, ordnend, schützend. Unbeugsam, anspruchsvoll, bedrückend, energisch, strafend.
KÖNIGIN	Liebenswürdig, ermutigend, zivilisiert, reif, großzügig, mäßigend und vermittelnd. Fordernd, wertend, wahllos, egozentrisch, hochmütig.
RITTER	Aktiv, vielseitig, ritterlich, abenteuerlustig, dynamisch, fortschrittlich, unabhängig. Maßlos, ungestüm, ungeduldig, sorglos, gefährlich.
PAGE	Helfend, unterstützend, lernend, verbindend, jugendlich, dienstbereit. Faul, ungehorsam, unterwürfig, ungehobelt, arbeitssüchtig.

BILD 12. *Rollen und Modalitäten der Hofkarten*

Durch die Kombination der Rollen und Modalitäten der Hofkarten mit den Schlüsselwörtern der einzelnen Farben können Sie Ihre eigenen Wege finden, die Hofkarten zu deuten: So kann ein aufrechter Ritter der Kelche bei einer Frage über die wahre Persönlichkeit Ihres bevorstehenden Dates als ritterliche und hingebungsvolle Person gedeutet werden, während eine umgekehrte Königin der Schekel bei einer Frage über das unerklärliche Schweigen eines entfernten Freundes als jemand gedeutet werden könnte, der zu sehr in den Alltag vertieft ist, um Ihnen derzeit zu antworten.

Ein Hinweis zu umgekehrten und ungünstigen Karten

Viele Menschen scheuen sich davor, Kartenumkehrungen zu verwenden, aber wenn eine hilfreiche oder positive Karte auf einer weniger günstigen Position erscheint oder wenn sie nicht ihre volle Nützlichkeit zeigt, haben Sie die Möglichkeit, die ungünstigen oder umgekehrten Bedeutungen zu konsultieren. Wenn Sie beispielsweise eine Frage zur Bewerbung Ihrer Arbeit haben, stellen Sie fest, dass Sie die Sonne auf eine Position gelegt haben, die das bedeutet, was ihr schadet. Prüfen Sie, was Ihnen gesagt wird: Vielleicht werden Ihre Geschäftsmethoden durch Ihre Werbung zu sehr in den Vordergrund gerückt, oder Ihr Produkt wird in einem negativen Licht dargestellt, oder Sie werden nicht ungetrübten Erfolghaben. Wenn Sie eine Karte gelegt haben, die Sie in Bezug auf Ihre Frage nicht leicht interpretieren können, versuchen Sie, sich den umgekehrten Bedeutungen zuzuwenden, um zu sehen, ob sie die Bedeutung entschlüsseln.

Direktes und sequenzielles Lesen

In der historischen Tarot-Lesart vor der Moderne wurden alle Hofkarten in die eine oder andere Richtung gezeigt und selten oder nie nach vorne. Moderne Tarotkarten haben jetzt viele nach vorne gerichtete Karten. Wir leben in einer Zeit, in der Tarot stark psychologisiert ist, und das Lesen mit Karten, die uns direkt ansehen, ist für uns kein so großes Problem, da wir die Karten psychologisch leichter als Aspekte von uns selbst oder von anderen verstehen können. Im *Tarot Médiéval* ist die Mehrheit der Hofkarten nach links oder rechts ausgerichtet, was bedeutet, dass die Figur auf der Karte, wenn eine andere Karte daneben gelegt wird, diese zu betrachten oder ihr den Rücken zuzukehren scheint: Diese Art des sequenziellen Lesens ermöglicht uns eine Interpretation, insbesondere wenn wir die Karten in Zeilen lesen, als eine sich entfaltende Sequenz.

Die Hofkarten im *Tarot Médiéval* sehen so aus, wenn man die Blickrichtung beachtet.

Die Ausrichtung der Hofkarten:

Page der Zepter: nach links gehend, nach rechts schauend, eine Schriftrolle haltend
Page der Schwerter: nach links hinten blickend, eine Fackel hochhaltend
Page der Kelche: nach rechts gehend mit verhülltem Kelch
Page der Schekel: sitzend, nach rechts gewandt, gefesselt im Gefängnis

Ritter der Zepter: nach rechts gewandt, ein blühender Zweig
Ritter der Schwerter: nach rechts gewandt: ein Schwert mit der Spitze nach unten
Ritter der Kelche: nach links gewandt: Kelch oder Tasse
Ritter der Schekel: nach links gewandt: eine Münze mit einem Kreuz aus vier nach außen zeigenden Pfeilen

Königin der Zepter: nach vorne blickend, ihr Zepter hochhaltend
Königin der Schwerter: nach links blickend, in voller Rüstung
Königin der Kelche: nach rechts blickend, einen verschleierten Kelch haltend
Königin der Schekel: nach vorne blickend, eine große Münze haltend

König der Zepter: sitzend, nach links gewandt, mit Zepter
König der Schwerter: sitzend, nach vorne gewandt, mit Schwert
König der Kelche: sitzend, nach vorne gewandt, einen verhüllten Kelch haltend
König der Schekel: stehend, nach vorne gewandt, mit Münze

Um zu sehen, wie dies in der Praxis funktioniert, hier ein Beispiel, bei dem der Page der Zepter auf die Karte rechts schaut, während seine Füße nach links gehen: Wir können lesen, dass der Page der Zepter ein Geschenk als Friedensangebot bringt, nachdem er missverstanden wurde, vielleicht als umgekehrter Stern hinter ihm, der das Missverständnis zeigt, und 4 Schekel ist sein Friedensangebot. Oder es könnte zeigen, dass er daran gehindert oder davon abgehalten wurde, eine Handlung abzuschließen oder eine Belohnung zu erhalten, weil man ihm nicht traute.

BILD 13. *Beispiel für eine Richtungslesung mit nach vorne gerichteten Karten*

Bei dieser Lesemethode können Sie auch eine Hofkarte oder eine Karte der großen Arkana lesen, wenn sie Ihnen direkt zugewandt ist und Sie mehr darüber erfahren möchten: Legen Sie eine Karte darüber und eine Karte darunter. Bei einer Karte der großen Arkana wie Gerechtigkeit zeigt die Karte über dem Kopf, wie Gerechtigkeit gedient wird, während die Karte unter den Füßen zeigt, was ins Gleichgewicht gebracht werden muss. Bei einer Hofkarte zeigt die Karte über dem Kopf, woran eine Person in Bezug auf Ihre Frage hauptsächlich denkt oder was sie vorhat, während die Karte darunter zeigt, was sie nicht sieht oder was sie weniger geneigt ist zu tun.

Links ist ein Beispiel für eine Frage zur Wahrscheinlichkeit, dass die Bank Ihnen einen Kredit für gewährt. Wir lesen, dass dies unwahrscheinlich oder zumindest schwierig ist: Die nach vorne gerichtete Königin der Schekel steht für den Bankier, 2 Schwerter steht für gegenseitigen Nutzen und Hilfe für Schwächere, während das umgekehrte Gericht eine verlorene Sache oder eine Situation ist, die einer

BILD 14. *Richtungslesung mit nach vorne gerichteten Karten* genaueren Prüfung bedarf. Der Bankier könnte geneigt sein, Ihnen zu helfen, aber angesichts Ihres Kontos könnte er von Ihnen verlangen, dass Sie nachweisen, dass Sie einen Kredit zurückzahlen können.

DIE KARTEN SPRECHEN LASSEN

Viele Tarotkartenleger lesen heute jede Karte einzeln, oft in Bezug auf eine Positionsbedeutung, aber die ältere Methode besteht darin, die Karten nacheinander oder als kürzere Aussagen zu lesen, indem eine Karte mit der nächsten verschmolzen wird. Der Vater aller Kartenleger, Etteilla, sprach davon, dass eine vorherige Karte auf die folgende „fällt", die wiederum auf die nächste „fällt" – oder, wie wir sagen würden, mit ihr „verschmilzt". Wir kennen diese Methode in ihrer bildlichen Form aus dem Storyboard eines Drehbuchs, bei dem ein Filmregisseur mit einem Cartoon-Strip von Bildern arbeitet, die die Handlung, die Abfolge und den Kamerawinkel zeigen und alle von einem Künstler gezeichnet wurden, damit das gesamte Team weiß, wie die Szene gedreht werden soll.

Im Tarot legen wir die Karten in einer Reihe aus und sprechen den Sinn jeder Karte aus, wobei wir sie mit den folgenden Karten zu einer Aussage oder einem Satz verbinden. Hier ist eine Reihe von Karten, bei der wir nach einer sehr späten Zahlung für ein Projekt fragen, für das jemand viel Vorarbeit geleistet hat. Er fragt:

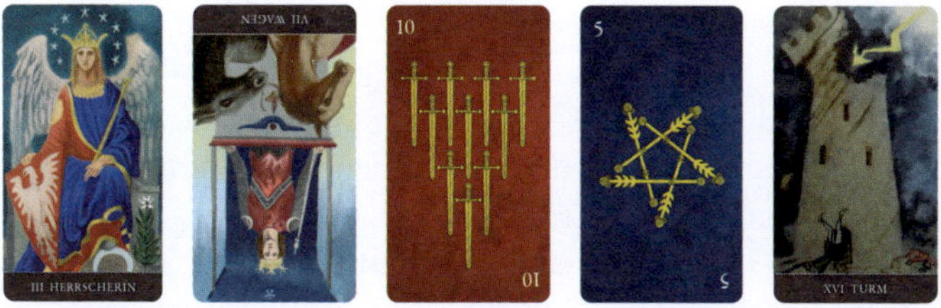

„Was ist der Grund für die unzumutbare Verzögerung dieser Zahlung?“

„Der erwartete Reichtum (Herrscherin) verzögert sich – wahrscheinlich aufgrund des Verlusts eines Rechtsstreits (umgekehrter Wagen), der zum Bankrott geführt hat (10 Schwerter). Das Ausbleiben Ihrer Zahlung (umgekehrte 5 Schekel) ist auf den Untergang des Unternehmens (Turm) zurückzuführen.“

Leider war dies der Fall: Das Unternehmen, das den Mann bezahlte, hatte sich mit einem Konkurrenten angelegt, der sie vor Gericht brachte und ihre Finanzen lahmlegte, da das Unternehmen nach dem verlorenen Prozess in Konkurs ging. Er wartet immer noch auf sein Geld.

Diese Lesemethode vertieft die praktischen Informationen, die der Taromant durch die Karten vermittelt, indem sich aus der Reihenfolge der Karten eine Geschichte entwickelt. Genau dieses Geschichtenerzählen ist das Herzstück einer guten Weissagung.

DIE GESCHICHTE LESEN

Die Geschichte zu lesen ist eine der einfachsten Arten des Lesens. Stellen Sie Ihre Frage und legen Sie 5 Karten aus – ich habe sie hier in einer Pfeilspitzenformation dargestellt, um die Erklärung zu erleichtern. Lesen Sie die Karten 1–5 als eine Sequenz, als ob sie Ihnen eine Geschichte erzählen würden. Lesen Sie 6 als Bestätigung des Gelesenen. Es gibt keine individuelle Positionsbedeutung, da die Karten wie Seiten in einem Buch sind. Wenn Sie tiefer in die Materie einsteigen möchten, können Sie die gespiegelten Paare lesen, um die Dynamik der Geschichte zu verdeutlichen, indem Sie Karte 1 mit 5 und Karte 2 mit 4 kombinieren. Wenn Sie Karte 3 mit 6 zusammen lesen, erhalten Sie das letzte Wort.

In Bild 16 sehen Sie ein Beispiel, in dem Kraft, Gehängter, 2 Kelche, 6 Schwerter und Königin der Schwerter nacheinander gezogen werden, mit Herrscherin als Bestätigungskarte.

BILD 15. *Die Geschichte lesen*

Wir bemerken auch die Ausrichtung der Karten – mit Kraft und Königin der Schwerter, die nach links schauen, und Gehängter und Herrscherin, die nach vorne schauen.

BILD 16. *Beispiel, die Geschichte zu lesen*

Die Frage lautet: „Wie wird sich der Start des neuen Projekts entwickeln?“ Die Sequenz lautet: „Sie brauchen den Mut und die Hingabe, um den Plan und die Kunden zusammenzubringen. Der Weg nach vorne führt über persönlichen Einsatz und Aufsicht.“ Die Bestätigungskarte sagt uns: „Das Projekt wird verwirklicht werden.“ Um die innere Dynamik zu finden, lesen wir die Karten paarweise zusammen: „Eine starke Frau führt das Projekt allein durch“ (Karten 1 + 5); „Es bedarf eines engagierten Ansatzes, bei dem es zu Verzögerungen kommen kann“ (Karten 2 + 4); „Die Fähigkeit, das Projekt und seine Nutzer in Einklang zu bringen, ist eindeutig vorhanden“.

FRANZÖSISCHES-KREUZ-LEGESYSTEM

Diese Legung wurde erstmals in Oswald Wirths Buch *Le Tarot des Imagiers du Moyen Age* (Tarot der mittelalterlichen Magier) aus dem Jahr 1927 abgedruckt und ist heute allgemein als „französisches Kreuz“ bekannt. Sie gehört heute zum traditionellen Tarot-Repertoire, aber diese Legemethode ist noch nicht ganz hundert Jahre alt, so schnell nehmen wir wahrsagerische Einflüsse auf! Die Karten werden wie in einem Gerichtssaal ausgelegt, mit Fürsprechern, die für und gegen die Frage des Beraters sind, mit einem unparteiischen Richter und einer Entscheidung am Ende. Die fünfte Karte stellt eine Synthese aller anderen Karten dar, die miteinander verbunden sind.

METHODE:

1. Der Berater stellt eine Frage und stellt sicher, dass sie nicht mit Ja oder Nein beantwortet werden kann. Je vager die Frage, desto vager wird die Antwort ausfallen; je genauer die Frage, desto genauer wird die Antwort sein. Es lohnt sich also, die Frage sorgfältig zu formulieren.
2. n der Originalversion dieser Legung werden nur die großen Karten verwendet, aber ich habe unten Varianten vorgeschlagen. Wirth ließ den Berater dem Leser auch eine Zahl zwischen 1 und 22 nennen, um die Karten auszuwählen. Das war jedoch zu einer Zeit, als die Menschen das

BILD 17. *Das Französisches-Kreuz-Legesystem*

Tarot noch nicht gut kannten. Heute können Sie Ihre 22 großen Arkana durch Mischen und Ziehen auswählen.

3. Wählen Sie vier große Arkana-Karten aus, die Sie noch nicht gesehen haben, und legen Sie sie auf die folgenden Positionen:

   Position 1 steht für die günstigen und positiven Aspekte der Frage: Was wäre klug zu tun? Sie verweist auf hilfreiche Personen oder Elemente, die dies unterstützen würden.

   Position 2 steht für das Unvorteilhafte und zeigt die negativen Aspekte der Frage auf: die Gefahren, Feinde, die Fehler im Plan, die Tendenzen, die vom Kurs abbringen.

   Position 3 ist die Unparteilichkeit der Diskussion oder Debatte: Wie kann die Frage entschieden oder gelöst werden, welche Interventionen sind erforderlich?

   Position 4 ist der Satz, der auf die Frage hin ausgesprochen wird: Was ergibt sich aus der Diskussion? Dies ist das Endergebnis.

4. Zum Schluss addieren Sie die Zahlenwerte der gezogenen Karten und reduzieren sie, um eine Zahl zwischen 1 und 23 zu erhalten. Zum Beispiel haben Mäßigkeit, Herrscher, Stern und Gericht die Werte 14 + 4 + 17 + 20 = 55. Wenn Sie die Gesamtwerte addieren (falls sie nicht bereits unter 23 liegen), erhalten Sie 5 + 5 = 10 von Rad des Schicksals. Hinweis: Diese

Methode der „theosophischen Addition“ oder „Quintessenz“ kann dazu führen, dass eine der bereits verwendeten Karten erneut als Summe erscheint.

5. Position 5 gibt uns die Synthese, die alle Karten miteinander verbindet: Sie kann weitere Informationen oder Erläuterungen enthalten, aber Position 4 bleibt das Ergebnis.

Alternative Methoden: Sie können auch den vollständigen Kartensatz für dieses Kreuz verwenden und dabei die obige Anleitung befolgen: Addieren Sie den Kartenwert jeder Karte auf den Positionen 1–4, wobei Page 11, Ritter 12, Königin 13 und König 14 ist. Alternativ können Sie eine zusätzliche Reihe mit drei weiteren Karten legen, die als Eintrittskarte für den nächsten Schritt dienen.

BILD 18. *Ein Beispiel für eine Gerichts-Legung*

Jerry denkt über seinen Ruhestand als Lehrer nach: Er möchte fragen: „Ist das der richtige Zeitpunkt, um in Rente zu gehen?", aber ihm ist klar, dass dies eine Ja/Nein-Frage ist, also ändert er sie in: „Wann ist der beste Zeitpunkt für den Ruhestand ist?"

1. Für ihn ist der V. Papst: Der Papst ist die Karte der Unterweisung und Lehre und zeigt Jerry bei dem, was er am liebsten tut, da er Lehrer ist.
2. Gegen ihn steht II. Herrscherin: Der ständige Kampf, neue Ideen und frische Lehrmodelle zu manifestieren, wird ihm zur Last.
3. Der Richter der Frage ist XVII Stern, der von der guten Arbeit spricht, die Jerry geleistet hat, sowie von seinem wachsenden Pessimismus.
4. Die Lösung ist das umgekehrte XX Gericht Obwohl Jerry arbeiten könnte, ist er mehr als bereit, jetzt in den Ruhestand zu gehen.
5. Die Synthese ergibt sich aus der Addition der Zahlen auf jeder gezogenen Karte: 5 + 3 + 17 + 20 = 45. Die Summe von 4 + 5 wird addiert = 9 oder Eremit: Jerrys Lösung wird unterstrichen, was bestätigt, dass seine Zeit des Rückzugs bereits nahe ist.

MYSTERIEN-LEGESSYSTEM

Rolt-Wheeler spricht anerkennend von der Raute als Symbol der involutionären und evolutionären Kräfte. Zu seinen Ehren und in Anerkennung seines Verständnisses des Tarot als Werkzeug der Mysterien, das es Ihnen ermöglicht, Führung und Einsicht zu suchen, finden Sie hier eine Übersicht. Sie können die Methode von den Schritten 1 bis 4 als grundlegenden Prozess heranziehen. Wenn Sie mehr Einsicht wünschen, fahren Sie mit den Schritten 5 bis 10 fort.

BEDEUTUNG DER POSITIONEN:

1. Derr weise Ratgeber: zeigt einen Ansatz, den Sie vielleicht nicht in Betracht ziehen.
2. Der Gefährte: zeigt die Kraft oder Tugend, die Ihnen bei der Entfaltung helfen wird.

3. Der Wegbereiter: zeigt eine sich nähernde Öffnung oder Gelegenheit.
4. Der Hüter des Geheimnisses: zeigt, wo Sie zurückhaltend oder vorsichtig sein müssen.
5. Was wird vererbt: die Geschichte oder der Kontext des Problems, Faktoren/Personen, die noch nachwirken oder Einfluss haben.
6. Was ist neu: die noch unausgesprochene Wahrheit des Problems, Faktoren/Personen, die Licht ins Dunkel bringen können.
7. Was erforderlich ist: eine wesentliche Fähigkeit, die eingesetzt werden muss, oder Faktoren/Personen, die Teil des Problems sind.
8. Was bleibt: die unwesentlichen Aspekte, die zurückgelassen werden müssen, Faktoren/Personen, die das Problem verkomplizieren.
9. Das Geschenk am Ausgangspunkt: Kräfte/Faktoren/Personen - siehe Schritt 3 in der untenstehenden Methode.

BILD 19. *Mysterien-Legesystem*

MYSTERIEN-METHODE:

Betrachten Sie Ihr Problem und formulieren Sie es:

1. Trennen Sie Ihre großen Arkana-Karten von den kleinen. Mischen Sie sie, während Sie sich die Frage stellen: „Welchen Rat gibt es, der mich durch dieses Problem führt?" Legen Sie jeweils eine große Arkanakarte, ohne sie anzusehen, auf die Positionen 1, 2, 3 und 4.
2. Mischen Sie die kleinen Arkana mit den Hofkarten und fragen Sie sich: „Auf welche Faktoren oder Menschen werde ich bei der Lösung dieses Problems treffen?" Legen Sie eine kleine Arkana- oder eine Hofkarte auf die Positionen 5, 6, 7 und 8. Die Karten 1-10 zeigen Handlungen/Ereignisse. Die Höfe zeigen Menschen/Eigenschaften.
3. Mischen Sie Ihre unbenutzten Karten. Ziehen Sie blind eine Karte und legen Sie sie auf Position 9. Eine große Arkanakarte wird die Weisheit aussprechen, die Sie hören müssen. Eine kleine Arkanakarte wird den nächsten Schritt anzeigen. Eine Hofkarte wird Sie zu der Elementarkraft oder Person führen, die Sie benötigen, um Ihr Problem zu lösen.
4. Lesen Sie Ihre Karten, bedenken Sie Ihren Rat und die Faktoren oder Personen, die mit Ihrem Problem verbunden sind. Lesen Sie Position 9 als nächsten Schritt oder als Frage, über die Sie nachdenken sollten.
5. Wenn Sie die Lektüre vertiefen möchten, können Sie die Karten auch auf einer anderen Ebene lesen und die vier Kreuze untersuchen, die durch die Karten gebildet werden: Sie werden jedes Kreuz als eine eigene Geschichte oder ein eigenes Rätsel lesen. Beachten Sie, dass eine Karte, die Sie in einem Kreuz gelesen haben, in einem oder mehreren der anderen vier Kreuze auftauchen wird, aber versuchen Sie, die Geschichte aus jeder der vier Karten zu machen, und ignorieren Sie alle positionsbezogenen Bedeutungen.
6. Nordkreuz: Karten 1, 5, 6, 9. Wie hat diese Geschichte angefangen?
7. Östliches Kreuz: Karten 6, 9, 3, 7. Welche Faktoren führten dazu?
8. Südliches Kreuz: Karten 9, 8, 7, 2. Was spielt sich ab?
9. Westliches Kreuz: Karten 5, 4, 9, 8. Was muss noch erreicht werden?
10. Was wissen Sie nach den Geschichten, die Sie gehört haben, über das Problem? Welche Schritte unternehmen Sie? Welche Bewegungen/Veränderungen halten Sie für möglich?

Chloe ist in ein Projekt eingebunden. Als sie es begann, sah es vielversprechend aus, aber jetzt ist alles durcheinander und widersprüchlich. Ihre Frage lautet: „Bitte zeigen Sie mir das Projekt in seinem wahren Licht, damit ich eine gute Entscheidung treffen kann."

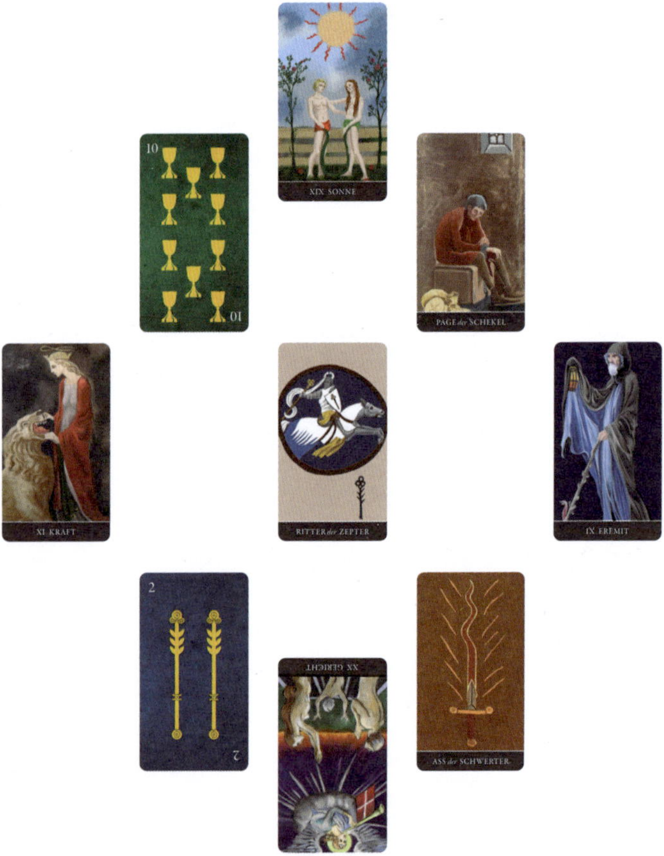

BILD 20. *Beispiel für das Mysterien-Legesystem*

1. XIX Sonne ist ihr weiser Führer, der über den Energieverlust im gesamten Projekt spricht.
2. Das umgekehrte XX Gericht ist ihr Begleiter, was darauf hindeutet, dass das Projekt eine verlorene Sache ist und dass Chloe davon befreit werden muss, da es wie ein Stein ist: Es gibt keine Wiederbelebung.
3. Ihr Wegbereiter ist IX Eremit, was darauf hindeutet, dass sie die Gelegenheit nutzen sollte, sich zurückzuziehen.
4. XI Kraft ist ihr Hüter des Geheimnisses und warnt sie vor einem möglichen Machtmissbrauch. Es ist an der Zeit, ihre Kräfte zu schonen.
5. 10 Kelche zeigt, was dieses Projekt geerbt hat: Das Streben nach der höchsten Auszeichnung treibt es an, aber Chloe hat das Gefühl, dass dadurch alle anderen Überlegungen verdrängt werden.
6. Page der Schekel enthüllt den unausgesprochenen Faktor: das nackte Streben nach Profit.
7. Ass der Schwerter zeigt, was dieses Projekt erfordert: eine Rücksichtslosigkeit, die Chloe nicht besitzt und auch nicht anstrebt.
8. Zwei der Zepter zeigen, dass diese lästigen Verantwortlichkeiten hinter sich gelassen werden müssen.
9. Ritter der Zepter unterstreicht die Tatsache, dass dieses Projekt eine wilde Entwicklung nimmt, die Chloe höchstwahrscheinlich mit sich reißen wird. Zepter stehen für das Element Luft: Sie muss ihre Integrität hochhalten, damit sie nicht von der Art und Weise, wie dieses Projekt abläuft, korrumpiert wird.

Chloe versteht die Botschaft deutlich, aber sie versucht, jedes Kreuz als eine Geschichte zu lesen, da sie immer weniger bereit ist, ihren Teil der Zusammenarbeit aufzugeben. Sie schreibt ihre eigenen Erkenntnisse auf:

Nördliches Kreuz: Sonne, 10 Kelche, Page der Schekel, Ritter der Zepter: „Alles begann mit den besten Absichten, aber jetzt machen Profit und Gewinn das Projekt unberechenbar.“ Südliches Kreuz: Ritter der Zepter, 2 Zepter, Ass der Schwerter und umgekehrtes Gericht: „Das Projekt entwickelt sich auf unausgewogene

Weise, und jeder versucht, die Kontrolle zu übernehmen, aber ich möchte mich zurückziehen, bevor ich zu einem der lebenden Toten werde."

Östliches Kreuz: Page der Schekel, Ritter der Zepter, Eremit, Ass der Schwerter: „Geld ist hier der treibende Faktor und macht meinen Versuch, Ideen in Ruhe und mit Integrität zu entwickeln, zunichte."

Westliches Kreuz: 10 Kelche, Kraft, Ritter der Zepter, 2 Zepter: „Meine Mitarbeiter haben die großen Preise im Visier, und das Beste, was ich tun kann, ist, mich um mich selbst zu kümmern oder mich in ihr aggressives Spiel hineinziehen zu lassen, bei dem ich versucht bin, den wahren Wert der Idee zu übersehen."

Ergebnis: Chloe nutzte die Gelegenheit eines langen Feiertags, um sich aus dem Projekt zurückzuziehen, das allmählich außer Kontrolle geriet. Sie fürchtete zu Recht den Ärger ihrer Mitarbeiter, aber ihre Erleichterung, als sie das Ganze beendete, war so groß, dass sie wusste, dass sie die richtige Entscheidung getroffen hatte. Sie können hier sehen, wie viele der aufrechten Karten sich auf eine Weise verhalten, die Rolt-Wheeler als „ungünstig" bezeichnet, weshalb Chloe sie so las, als wären sie umgekehrt.

FRAGEN ZUM ZEITPUNKT

Zeitfragen sind am schwierigsten zu beantworten, aber Sie können die Hofkarten verwenden, um einen groben Zeitrahmen für ein Ereignis zu ermitteln. Entscheiden Sie, welche Art von Legung oder Lesung für Ihre Frage geeignet ist, lesen Sie das Thema und mischen Sie dann alle Karten aus Ihrer Legung zusammen. Teilen Sie das Deck in zwei Stapel. Drehen Sie die Karten aus dem ersten Stapel einzeln um – die erste aufgedeckte Karte zeigt die Jahreszeit an. Drehen Sie dann die Karten einzeln von Stapel zwei um. Der erste Ritter, die erste Dame oder der erste König gibt das Datum preis. Wenn Sie bei Ihrer Lesung keine Hofkarten hatten, verwenden Sie das gesamte Kartenspiel, um dies zu tun. Beachten Sie, dass Zeitfragen meiner Erfahrung nach selten eine Genauigkeit von mehr als 64 Prozent aufweisen, obwohl das angegebene Datum eine bedeutende Entwicklung in Bezug auf Ihre Frage aufzeigen kann. Hier sind die Entsprechungen der Pagen zu den Jahreszeiten:

PAGE:	JAHRESZEIT:
Page der Schekel	Frühling – von März bis Mai
Page der Schwerter	Sommer – von June bis August
Page der Kelche	Herbst – von September to November
Page der Zepter	Winter – von Dezember bis Februar

ZEIT DES JAHRES	HOFKARTEN
11. März – 9. April	Königin der Zepter
10. April – 10. Mai	König der Schekel
11. Mai –10. Juni	Ritter der Schwerter
11. Juni – 12. Juli	Königin der Kelche
13. Juli –12. August	König der Zepter
13. August –12. September	Ritter der Schekel
13. September –13. Oktober	Königin der Schwerter
14. Oktober –12. November	König der Kelche
13. November – 11. Dezember	Ritter der Zepter
12. Dezember –10. Januar	Königin der Schekel
11. Januar –8. Februar	König der Schwerter
9. Februar –10. März	Ritter der Kelche

BILD 21 *Die Ritter, Damen und Könige enthüllen das Datum*

VON DEN KARTEN DURCH DAS LICHT DER GEHEIMNISSE GEFÜHRT WERDEN

Jedes Tarot hat seine eigene Ästhetik und seine eigenen Konzepte, aber seine Karten werden erst dann wirklich lebendig, wenn der Leser täglich mit ihnen spielt und herausfindet, wie sie miteinander in Beziehung stehen und wie bestimmte Karten und ihre Kombinationen eine Bedeutung offenbaren. Um sich mit Ihren Karten vertraut zu machen, ziehen Sie jeden Tag eine Handvoll Karten und notieren Sie sich, was sie Ihrer Meinung nach Ihnen zeigen. Schauen Sie sie sich später am Ende des Tages an und überlegen Sie, wie der Tag in der Realität verlaufen ist. Notieren Sie sich, welche Karten und Kartenkombinationen bestimmte Erkenntnisse offenbart haben.

Die Bilder auf den Karten sind wie Trittsteine, die zu den Konzepten dahinter führen, sodass unser wachsendes Verständnis sie auch als Leitfaden für unser tägliches und spirituelles Leben nutzen kann. Sie werden Sie in Ihren persönlichen Lesestil einführen, der auch Ihrem eigenen spirituellen Leben dient, und so werden wir zu den Mysterien des Pfades des Initiierten geführt.

Tarot Médiéval ist ein Tarot, das in einer anderen Epoche konzipiert wurde, aber uns auch heute noch seine Geheimnisse offenbaren kann. Wie Rolt-Wheeler 1935 in seinem Artikel „The Recurrence of the Ancient Rites" schrieb: „Jedes Zeitalter wird von seiner Religion inspiriert, jede Epoche von ihren Mysterien, und der Fortschritt hört nie auf. (...) Diejenigen, die eine esoterische Renaissance auf einem alten Fundament errichten wollen, versuchen tapfer, altmodische Rituale durch moderne Interpretationen zurückzubringen, die mit den ursprünglichen alten Riten nicht übereinstimmen. Um voranzukommen, brauchen die Mysterien

„weder Theater noch zerknitterte hierophantische Gewänder ... noch wollen wir blutige Opfer wieder aufleben lassen, noch die Tänze maskierter Götter, die der Vergangenheit angehören.“[24]

Er spricht auch von den vielen Organisationen, die in den 1930er Jahren versuchten, die Mysterien auf moderne Weise wiederherzustellen – die Ära von Dion Fortune und anderen bedeutenden Magiern und Denkern, die die magische Entwicklung unserer Zeit prägten – und er fragt: „Ist es wirklich möglich, esoterische Riten in unserer Zeit wieder einzuführen? . . . Die wahren esoterischen Mysterien der Zukunft werden der Entwicklung des Geistes folgen, die für unser Zeitalter charakteristisch ist, wobei sie vom Konkreten ins Abstrakte übergehen werden. (...) Das Zeichen einer wahren Mysterientradition ist daran zu erkennen, dass sie unsere Individualisierung ermöglicht, dass sie Rituale inspiriert, die unserer Zeit und unserem Fortschritt würdig sind. (...) Die Mysterien unserer Zeit liegen vor uns, nicht hinter uns.“[25]

Fast neunzig Jahre und vier Generationen nach Rolt-Wheeler, der diese Worte vor dem Zweiten Weltkrieg schrieb, lade ich Sie ein, über die Mysterien nachzudenken, die Ihr eigenes Leben bestimmen: die großen Mythen und Geschichten, die erhebenden Themen und Bewegungen, die Ihre eigene Entwicklung geprägt haben, und über den unbekannten Weg, der noch vor Ihnen liegt. Welches Vermächtnis werden Sie künftigen Generationen hinterlassen, was aus Ihren Studien und Meditationen wird sie inspirieren und die sich entfaltenden Mysterien für kommende Zeitalter offenbaren?

Möge das Licht der sich entfaltenden Geheimnisse immer auf Ihrem Weg scheinen!

GLOSSAR

Ich habe esoterische, mythische und andere Fachbegriffe, die von Rolt-Wheeler in „*Tarot Médiéval*" verwendet werden, zum besseren Verständnis erklärt.

ABSOLUT: Das Absolute ist das umfassendste Verständnis des Ganzen eines Prinzips, das in diesem Buch das unerkennbare Göttliche bezeichnet.

ADAM KADMON: Der kosmische Mensch des Lebensbaums: Die kombinierten Sephiroth bilden zusammen den spirituellen Körper von Adam Kadmon.

AIN, AIN SOPH und AIN SOPH AUR: Kabbalistische Begriffe für „Nichts", „Grenzenlosigkeit" und „das unendliche Licht". Diese drei vorbestehenden Essenzen sind die Quelle, aus der alle zehn Sephiroth entstehen.

ALCHEMIE: Der Prozess, durch den Suchende ihre essenzielle Natur in Einklang bringen. Er bezieht sich auch auf die chemischen Prozesse der Reinigung und Essenzierung von Rohstoffen, Metallen und Substanzen und deren Umwandlung in Gold.

APOLLONIUS VON TYANA: Ein neupythagoreischer Philosoph und Wundertäter aus dem ersten Jahrhundert v. Chr., dessen Weisheit sowohl in der Antike als auch in der hermetischen Magie Einfluss hatte. Er reiste mit seinem Gefährten Damis weit im Osten umher; beide wurden in Sanskrit-Quellen als westliche Yogapraktiker anerkannt.

ARKANA: Die Geheimnisse oder Mysterien. Rolt-Wheeler bezeichnet einzelne Karten oft als „dieses Arkanum".

ASIYAH: Die vierte der kabbalistischen Welten, die sich mit dem Prinzip der Manifestation befasst; die Manifestation der Schöpfung in physischer Form.

ASTROLOGIE, ESOTERISCH und EXOTERISCH: Es gibt zwei verschiedene Methoden der Astrologie: „Esoterische Astrologie" bezieht sich auf den Fortschritt der Seele und die spirituelle Entwicklung, wobei der Autor jede Karte und die darin enthaltenen Mysterien miteinander verbindet; er verwendet „exoterische Astrologie", um sich auf die planetarischen Beziehungen der Karte zu beziehen, wie sie für die klassische astrologische Berechnung von Persönlichkeit und Identität gelten.

ATZILUT: Die erste der kabbalistischen Welten, die sich mit dem Prinzip der Emanation befasst, der Absicht hinter aller Schöpfung.

BAPHOMET: Das Wesen, dessen Verehrung die Tempelritter 1307 beschuldigt wurden. Es wurde von Éliphas Lévi in seinen Büchern über Magie aus dem 19. Jahrhundert weiter popularisiert, in denen er behauptete, es sei das Wesen gewesen, das auf dem Hexensabbat verehrt wurde.

BAUM DES LEBENS: Eine konzeptionelle Darstellung des erschaffenen Universums in all seinen Aspekten, die von Kabbalisten als Wegweiser oder „Leiter der Lichter" verwendet wird, um darüber zu meditieren und im Geiste zu reisen. Am Baum hängen die zehn Sephiroth und die zweiunddreißig verbindenden Pfade zwischen ihnen.

BINAH: Verständnis ist die dritte Sephira auf dem Baum des Lebens.

BLAZON: Das heraldische Emblem oder Symbol auf dem Schild eines Ritters.

BOAZ und JACHIN: Die beiden Säulen des salomonischen Tempels; sie sind auch auf der Priesterinnenkarte zu sehen. Die linke Säule von Binah bis Hod wird als Säule der Strenge oder Kontraktion angesehen, während die rechte Säule von Chokmah bis Nezach als Säule der Barmherzigkeit oder Expansion angesehen wird.

BRIYAH: Die zweite der kabbalistischen Welten, die sich mit dem Prinzip der Schöpfung befasst – sie liefert den ursprünglichen Impuls für die Schöpfung.

CHESED: Die liebende Güte ist die vierte Sephira auf dem Baum des Lebens.

CHOKMAH: Die Weisheit ist die zweite Sephira auf dem Baum des Lebens.

DEKANE: Dies sind die 10-Grad-Bögen der Ekliptik oder der Bahn der Erdumlaufbahn um die Sonne: Im Grunde teilen die Dekanen jedes Sternzeichen in drei Teile, sodass es insgesamt 36 Dekanen gibt. Das Golden Dawn-System ordnet den Karten der kleinen Arkana mit den Nummern 2–10 jeweils einen Dekan zu. Die Dekane stammen aus ägyptischen und arabischen Quellen: Jedem Dekan wurde in diesem System ein Geist zugeschrieben, der für die Ausübung talismanischer Magie günstig ist.

DEMIURG: Derjenige, der das Universum in der platonischen und gnostischen Philosophie gestaltet: nicht dasselbe wie der monotheistische Schöpfer.

ELEMENTE: Die klassischen Elemente Luft, Feuer, Wasser und Erde, die auf die vier Farben des Tarot angewandt werden.

ESOTERIK: Die verborgenen Mysterien eines magischen Prinzips, die einem Initiierten bekannt werden.

EVOLUTION: Der Fluss des Lebens von der Erde zurück zu seiner göttlichen Quelle.

EWIGE PHILOSOPHIE: Das Gefühl, dass alle spirituellen Traditionen auf dieselbe Wahrheit hinweisen.

EXOTERIK: Das offene oder empfangene Verständnis eines magischen Prinzips.

FREIMAUREREI: Sie hat ihren Ursprung in den brüderlichen Ritualen mittelalterlicher Steinmetze und ist die Praxis brüderlicher Vereinigungen, die sich treffen, um gegenseitige Toleranz, karitative Werke und die Reformierung des Charakters durch die Ausübung von Wahrheit, Tugend und moralischer Zurückhaltung zu fördern.

GEBURAH: Kraft ist die fünfte Sephira auf dem Baum des Lebens.

GEMATRIA: Der kabbalistische Prozess der Bewertung des Zahlenwerts von Wörtern anhand ihrer einzelnen hebräischen Buchstaben und der Zuordnung zu Wörtern mit ähnlichem Wert. Zum Beispiel spricht Genesis 28:12 von Jakobs Traum von einer Leiter (*sullam*), die sich von der Erde bis zum Himmel erstreckt: Die Buchstaben in *sullam* = 130 oder 60 + 30 + 40; denn der Sinai, der Berg, auf dem Moses die Gesetzestafeln erhielt, denselben Zahlenwert hat (Sinai = 130 oder 60 + 10 + 50 + 10), wird angenommen, dass 130 die Bedeutung von „den Himmel erreichen" hat.

GNOSTIKER: Wörtlich „Wissende". Gnostiker waren in den ersten Jahrhunderten des Christentums eine Gruppe von Sekten, zu denen Urchristen, Juden, hellenistische Ägypter und andere nachklassische Geistmenschen gehörten, die an die vielfältigen spirituellen Emanationen des Göttlichen glaubten.

GROSSE ARKANA: Eine esoterische Bezeichnung für die Trümpfe Nummer I–XXII: „Große Arkana" ist ein Begriff, der im 19. Jahrhundert von Paul Christian erfunden wurde.

GROSSER BAUHERR DES UNIVERSUMS: Eine freimaurerische Metapher für den Schöpfer oder das göttliche Wesen.

GRÖSSERE GEHEIMNISSE: Im Initiationsjargon befähigt die Einweihung in die größeren Mysterien einer Loge oder Mysterienschule den Initiierten, durch den Mythos oder den Kernglauben, der die Loge stützt, neu formuliert zu werden, wodurch er in der Lage ist, die Prinzipien ihres Leitgeistes durch das Leben zu vermitteln. Das Prinzip, Himmel und Erde, Geist und Materie zusammenzubringen und in Einklang zu bringen, liegt ihm zugrunde. Die Arkana 10–19 repräsentieren die größeren Mysterien in diesem Tarot.

GROSSES WERK: Der Höhepunkt der hermetischen Magie, bei dem Himmel und Erde in der Person des Initiierten auf eine Weise zusammengeführt werden, dass er oder sie sich völlig verändert. Es ist das westliche Äquivalent zum östlichen Verständnis von „Erleuchtung", ähnlich wie „die Bildung der Seele" innerhalb der christlichen Mystik.

HÄUSER: In den Bedeutungen der meisten Karten der kleinen Arkana gibt der Autor das Tierkreiszeichen an, mit dem jede Karte verbunden ist.

HAYYOTH HA KADOSH: Die vier heiligen Lebewesen, die erstmals im Buch Ezechiel 1:5 zu sehen sind, werden als Stützen des göttlichen Throns beschrieben, wobei jedes von ihnen vier Gesichter und vier Flügel hat: die eines Menschen, eines Löwen, eines Ochsen und eines Adlers. Im Buch Offenbarung 4:6–8 tauchen sie erneut auf, nun aber mit sechs Flügeln. In der christlichen Ikonografie werden sie mit den vier Evangelisten in Verbindung gebracht: der Mensch von Matthäus, der Löwe von Markus, der Ochse von Lukas und der Adler von Johannes, die in derselben Reihenfolge wie auf der Karte des XXII. Welt erscheinen, aber mit dem auferstandenen Christus in der Mitte.

HEBRÄISCHE BUCHSTABEN: Die Buchstaben des hebräischen Alphabets wurden erstmals im 18. Jahrhundert mit dem Tarot in Verbindung gebracht. Im Judentum wird jeder Buchstabe als eigenständiger kreativer Klang verstanden, als Mittel, durch das die Schöpfung entstand.

HEILIGER GRAL: Der Heilige Gral ist der Kelch, durch den im Rahmen des mystischen christlichen Mythos Frieden, Heilung und Harmonie auf die Erde gebracht werden.

HERMANUBIS: Eine Verschmelzung des griechischen Gottes Hermes mit dem ägyptischen Gott Anubis, die in der hellenistischen Periode der ägyptischen Geschichte entstand; er fungiert als Seelenführer.

HERMETISCHE MAGIE: Die Lehre von den universellen Konzepten der Magie, durch die Materie und Geist zusammengeführt und harmonisiert werden. Hermes/Merkur galt als Mentor und Hüter dieser Mysterien.

HIMMELSRÄNGE: Die drei höchsten Sephiroth: Kether, Chokmah und Binah

HOD: Die achte Sephira auf dem Baum des Lebens.

INITIATION: Der Prozess, auf den magischen Pfad zu treten und in seine Praktiken einzutreten. Ein Initiierter ist jemand, der buchstäblich „in einen spirituellen Pfad eingetreten“ ist.

INVOLUTION: Der abwärts gerichtete Fluss des Lebens von seiner himmlischen Quelle zur Erde.

ISIS-URANIA: Eine Verschmelzung der ägyptischen Göttin Isis und der griechischen Ourania, Muse der Astronomie, in ihrer Eigenschaft als universelle Lehrerin.

JESOD: Die neunte Sephira auf dem Baum des Lebens.

JETZIRA: Die dritte der kabbalistischen Welten, die sich mit dem Prinzip der Bildung und der Aktivierung der Schöpfung befasst.

KABBALA: Die magische Studie des Kabbalismus durch Nichtjuden, deren esoterische Grundsätze heute allgemein auf Tarotkarten angewendet werden.

KABBALISMUS: Die jüdische Lehre von der Schöpfung, ihrem spirituellen Verständnis und ihrer Anwendung auf das tägliche Leben.

KETHER: Die Krone ist die erste Sephira auf dem Baum des Lebens.

KLEINE ARKANA: eine esoterische Bezeichnung für die vier Kartenfarben, die von Ass bis 10 nummeriert sind: ein Begriff, der im 19. Jahrhundert von Paul Christian erfunden wurde.

KLEINERE GEHEIMNISSE: Im Initiationsjargon befähigt die Einweihung in die kleineren Mysterien einer Loge oder Mysterienschule den Initiierten, sich den Mythos oder den Kernglauben, der die Loge stützt, einzuprägen, wodurch er sich auf ihre Leitprinzipien einstimmt und ein Diener ihrer Leitgötter und Archetypen wird. Die

Arkana 1–9 repräsentieren in diesem Tarot die kleineren Mysterien.

KLIMAX HEPTAPULOS: Die siebenstufige Leiter, auf der viele magische und Mysterienschulen ihre Initiationsgrade aufbauen, findet sich in der Antike, insbesondere in den zoroastrischen, gnostischen und mithraischen Traditionen. Dieses Symbol kam durch die Astrologie in die Welt, deren Wurzeln in Mesopotamien liegen. Durch die Überwindung der Laster der sieben klassischen Planeten Mond, Merkur, Venus, Sonne, Mars, Jupiter und Saturn würde der Initiierte in den Mysterien Fortschritte machen.

KUBUSSTEIN: Eine Metapher für den vollendeten Initiierten. In Offenbarung 21 wird das neue Jerusalem als perfekter Kubus beschrieben, ebenso wie das Allerheiligste im Tempel von Jerusalem.

LEMNISKATE: Das Emblem der Macht und Ewigkeit, dargestellt als horizontale Acht.

LETHE: Der Fluss des Vergessens im griechischen Jenseits.

LOZENGE: Ein Symbol der involutionären und evolutionären Kräfte.

MAKROKOSMOS: Die größere Welt des Universums, einschließlich allem Unsichtbaren.

MALKUTH: Das Königreich der Souveränität ist die zehnte Sephira auf dem Baum des Lebens.

MANDORLA: Eine mandelförmige oder ovale Form, die auf der Weltkarte erscheint.

MIKROKOSMOS: Die kleinere Welt der sublunaren Sphäre, einschließlich der Erde und des Mondes.

NEZACH: Der Sieg ist die siebte Sephira auf dem Baum des Lebens.

OZEAN DES CHAOS: Das Urwasser, aus dem in vielen Mythologien, darunter der griechischen und der des Nahen Ostens, die Schöpfung hervorging.

PETERSPFENNIG: Ursprünglich eine Spende, die von König Alfred dem Großen ins Leben gerufen wurde, der Geld von Landbesitzern sammelte, um den Papst zu unterstützen. Sie wird immer noch von gläubigen Katholiken für diesen Zweck gespendet.

POLARITÄT: Rolt-Wheeler verwendet diesen Begriff, um die Männlichkeit und Weiblichkeit aller Dinge zu bezeichnen. Auch als das magische Prinzip des Gebens und Empfangens oder der Gegenseitigkeit, das notwendig ist, um Leben auf den Menschen zu übertragen, um Konzepte zwischen Schüler und Lehrer zu vermitteln oder um in einem Ritual Macht zu übertragen.

QLIPPOTH: Wörtlich „Schale“, die bösen Einflüsse, die versuchen, die Reise der Seele aufzuhalten; das Gegenteil der heiligen Sephiroth, wo die Schalen einen umgekehrten Baum bewohnen.

QUARTERNITÄT: Ein vierfaches Kollektiv, das normalerweise auf die vier Elemente angewendet wird.

QUINTERNÄR/QUINTESSENZ: Ein fünffaches Kollektiv, das normalerweise auf die vier Elemente plus Geist angewendet wird.

RELATIV: Der Relativ ist das persönliche und menschliche Verständnis eines Prinzips.

RISHIS: Die sieben Weisen des hinduistischen Glaubens, die durch die sieben Sterne des Großen Bären oder des Großen Wagens dargestellt werden.

ROSA MYSTICA: Einer der Titel der Heiligen Jungfrau Maria aus der Litanei von Loretto.

ROSENKREUZ: Die Rose am Kreuz war das Emblem der Rosenkreuzer, einer esoterischen Bruderschaft, die im 17. Jahrhundert in Deutschland gegründet wurde, um den esoterischen christlichen Mysterien zu folgen.

SÄULEN – *siehe* Boas und Jakin.

SEPHIRAH/SEPHIROTH (Singular und Plural): Eine Sephirah ist eines der Gefäße des Lebensbaums, auf dem sich zehn Sephiroth befinden.

SEPHIROTH DER FORMATION: Bezieht sich auf die sieben unteren Gefäße auf dem Lebensbaum: Chesed, Geburah, Tiphareth, Nezach, Hod, Jesod und Malkuth.

SET/SETH: Ursprünglich ein ägyptischer Gott der Wüstenstürme, war Set der Bruder von Osiris und Isis, der sich Osiris widersetzte, ihn tötete und verstümmelte. Er wurde auch mit Typhon in Verbindung gebracht und als Gott des Chaos polarisiert.

SHADDAI: El Shaddai ist einer der Namen Gottes in der jüdischen Tradition. Obwohl er oft als „der Allmächtige" übersetzt wird, ist seine Bedeutung eher „die Wildnis" oder „die Berge". Der Name wird mit dem hebräischen Buchstaben „shin" in Verbindung gebracht, und Shaddai steht auf der Rückseite der Mesusa (der Türrolle) in jüdischen Häusern sowie auf der Rückseite aller Tefillin, den Lederschachteln, die Juden beim Gebet um den Arm und den Kopf geschnallt werden.

SHEKINAH: Die Gegenwart Gottes, die die Israeliten als Feuersäule bei Nacht und als Wolkensäule bei Tag begleitete; symbolisiert als dynamische weibliche Präsenz.

SPHINX: Fünf symbolische Elemente in der Sphinx: (1) Die Flügel des Adlers: und das Lernen über spirituelle Dinge. (2) Die Flanken des Stiers: und die Kraft zu handeln. (3) Der menschliche Kopf: Wissen und die hohen Sphären. (4) Die Pfoten des Löwen: die Fähigkeit, Gelegenheiten zur spirituellen Erhebung zu ergreifen, aber dies beruht, wie wir sehen können, nicht auf einer persönlichen Basis. (5) Die Brüste einer jungen Frau: Dienst und Hilfe für andere auf zwei weiblichen Wegen, sowohl jungfräulich als auch materiell, damit man ein Vermittler des göttlichen Willens sein und sich auf diesen Willen einstimmen kann.

STEIN DER WEISEN: Der Höhepunkt der Alchemie.

TALISMANISCHE MAGIE: Die Kunst, Talismane während des entsprechenden planetarischen Grades für Reichtum, Schönheit, Glück usw. zu erschaffen. Diese Art von Magie findet sich in dem einflussreichen arabischen Buch Picatrix aus dem 11. Jahrhundert und in De Imaginibus von Thabit Ibn Qurra.

TETRAGRAMMATON: Der große heilige Name des Schöpfers in der Kabbala, der aus den hebräischen Buchstaben Jud, He, Waw, He besteht. Jeder dieser lebensspendenden Buchstaben wird mit den vier Welten in Verbindung gebracht.

TIPHARETH: Schönheit ist die sechste Sephira auf dem Baum des Lebens.

TRINITÄT: Der Autor verwendet diesen Begriff für zwei verschiedene Dinge: um die Trinität der himmlischen Sephiroth zu bezeichnen und auch die Heilige Dreifaltigkeit von Vater, Sohn und Heiligem Geist, wenn er über das mystische Christentum spricht.

TRIPLIZITÄTEN: Der Autor verwendet diesen Begriff, um die vierfache Unterteilung der Tierkreiszeichen in ihre Elementargruppierungen Widder, Löwe und Schütze für Feuer, Stier, Jungfrau und Steinbock für Erde, Zwillinge, Waage und Wassermann für Luft und Krebs, Skorpion und Fische für Wasser zu bezeichnen.

TRÜMPFE: Die Haupt-Arkana des Tarot, nummeriert von I–XXII. Der Name „Trumpf" leitet sich von „Triumph" ab, als den jede Karte angesehen wurde, sowie vom Trumpfen oder Stechen in den vielen Tarotspielen in Europa.

TYPHON: Ursprünglich der monströse Gegner des Zeus in der griechischen Mythologie, wurde Typhon in der hellenistischen Periode der ägyptischen Geschichte mit Set in Verbindung gebracht.

UNSICHTBARE BRUDERSCHAFT: Ein Begriff, der die Initiierten aller Formen von Initiation und magischen Logen aus allen Zeiten und Epochen, einschließlich der Gegenwart und Zukunft, umfasst und eine goldene Kette der Verbindung und Verantwortung zu den Prinzipien der Mysterien bildet.

VIER WELTEN: Die vier Welten Atzilut, Briyah, Jetzira und Asiyah sind die vier Prinzipien der Schöpfung aus Absicht, Urimpuls, Bildung und Manifestation auf dem Baum des Lebens.

WEGE: Die 32 Wege auf dem Baum des Lebens verbinden die zehn Sephiroth und ermöglichen es den Kabbalisten, zu meditieren und sich im Geiste mit ihnen zu bewegen. Jedem Weg ist ein hebräischer Buchstabe zugeordnet, wobei diese zwischen Kabbalisten, Qabalisten oder verschiedenen Tarot-Schulen nicht einheitlich sind.

ZAHLENKARTEN: Die Zahlenkarten 1–10 jeder Tarotfarbe: Diese erscheinen nur mit den Emblemen ihrer Farbe und ohne Abbildungen.

ANMERKUNGEN

In den Anmerkungen,
RW = Rolt-Wheeler und CM = Caitlín Matthews

1. Der Autor bezieht sich auf das Buch von Falconnier, illustriert von W. O. Wegener, *Les XXII lames hermétiques du tarot divinatoire*, 1896: Diese Illustrationen wurden vielfach wiederverwendet, insbesondere in THE SACRED TAROT von C. E. Zain, das 1936 für die Bruderschaft des Lichts angefertigt wurde.
2. Enel war das Pseudonym des Ägyptologen und Polyglotten Michel Vladimirovich Skariatine (1883–1963).
3. Dion Fortunes nächstes Buch hieß *The Mystical Qabala,* 1935.
4. Buch Daniel, Kapitel 5.
5. Rolt-Wheeler sagt entschieden: „Die Welt wird nicht zur Weissagung verwendet, aber die wahre Bedeutung ist das Ende – nicht das gewünschte Ende, sondern das Ende, das kommen muss." Ich habe hier jedoch Bedeutungen angegeben.
6. Ronald Decker, Thierry Depaulis und Michael Dummett, *A Wicked Pack of Cards* (London: Duckworth, 1996), 199.
7. Übersetzt von CM.
8. Auszug aus RWs Eintrag zu Page der Schekel.
9. Auszug aus RWs Eintrag zu Ritter der Schekel.
10. Auszug aus RWs Eintrag zu Königin der Schekel.
11. Auszug aus RWs Eintrag zu König der Schekel.
12. Übersetzt vonCM.
13. Laut *Dream of Scipio* von Macrobius.
14. Thomas Taylor, zitiert in Manley P. Hall's *Secret Teaching of All the Ages* (New York: Jeremy P. Tarcher, 2004).
15. Caitlín Matthews, *Untold Tarot: The Lost Art of Reading Ancient Tarots* (Atglen, PA: Schiffer).
16. Oswald Wirth, *Tarot of the Magicians* (San Francisco: Weiser Books, 2012), 5.

17. Decker et al., *Wicked Pack of Cards*, 24.

18. Baba Studio, „Pierre de Lasenic: A Modern Esoteric Soul", böhmische Magie, abgerufen am 20. März 2021, http://magicbohemia.magic-realist.com/2017/10/23/pierre-de-lasenic-a-modern-esoteric-soul/, quoted with permission.

19. Siehe Caitlín und John Matthews, *Walkers Between the Worlds* (Rochester, NY: Inner Traditions, 2003).

20. Decker et al., *Wicked Pack of Cards*, 58.

21. Ronald Decker, *Esoteric Tarot: Ancient Sources Rediscovered in Hermeticism and Cabalah* (Wheaton, IL: Quest Books, 2013), 270–74; und Joseph Gikatilla, *Gates of Light (Sha'are Orah)*, trans. Avi Weinstein (London: Harper Collins, 1994).

22. Francis Rolt-Wheeler, *L'Astrosophie* 8, no 1 (July 1935).

23. See Caitlín Matthews, *Untold Tarot*.

24. Francis Rolt-Wheeler, „La Réchute vers les Rites Anciens", *L'Astrosophie* 12, no. 3 (March 1935): 105–10.

25. Ibid.

BIBLIOGRAFIE

Baba Studio. "Pierre de Lasenic: A Modern Esoteric Soul." Bohemian Magic. Accessed March 20, 2021. Pierre de Lasenic. http://magicbohemia.magic-realist. com/2017/10/23/pierre-de-lasenic-a-modern-esoteric-soul/

Christian, Paul. *The History and Practice of Magic* (*Histoire de la Magie*). Translated by James Kirkup and Julian Shaw. London: Forge, 1952.

Curtess, F. Homer, et al. *A Collection of Secret Wisdom from Tarot's Mystical Origins*. New York: St. Martins, 2021.

Decker, Ronald. *The Esoteric Tarot: Ancient Sources Rediscovered in Hermeticism and Cabalah*. Wheaton, IL: Quest Books, 2013.

Decker, Ronald, Thierry Depaulis, and Michael Dummett. *A Wicked Pack of Cards*. London: Duckworth, 1996.

Decker, Ronald, and Michael Dummett. *A History of the Occult Tarot 1870–1970.* London: Duckworth, 2002.

Etteilla. *Jeu de Grand Etteilla*. Paris: Editions Dusserre, 2015.

———. *Manière de se récréer avec le jeu du cartes nommées tarots*. Amsterdam and Paris, 1785.

Fortune, Dion. *The Mystical Qabala*. Newburyport, MA: Weiser, 2022.

Gikatilla, Joseph. *Gates of Light* (*Sha'are Orah*). Translated by trans. Avi Weinstein. London: Harper Collins, 1994.

Hall, Manley P. *The Secret Teaching of All the Ages*. New York: Jeremy P. Tarcher, 2004.

Knight, Gareth. *Magical World of the Tarot*. Newburyport, MA: Red Wheel/Weiser, 1996.

Lehto, Otto. "The Seven Veils of Ishtar and the Ten Sefirot of Israel." University of Helsinki. 2009. Accessed April 21, 2021, http://www.ottolehto.com/wp-content/uploads/2014/01/Otto-Lehto-The-Seven-Veils-of-Ishtar-and-the-Ten-Sefirot-of-Israel-1.0.pdf.

Lévi, Éliphas. *The Clavicule of Solomon*. Accessed March 20, 2021. http://misraim3.free.fr/eliphas_levy/clavicules_de_salomon.pdf.

———. *Le Clef des Grands Mystères*. Accessed March 20, 2021, https://archive.org/details/leclefdesgrandsm00lvil

Macrobius. *Commentary on the Dream of Scipio*. New York and London: Columbia University Press, 1952.

Mathers, S. MacGregor. *The Book T*. Accessed April 17, 2021. https://www.tarot.org.il/Library/Mathers/Book-T.

Matthews, Caitlín. *Untold Tarot: The Lost Art of Reading Ancient Tarots*. Atglen, PA: Schiffer, 2018.

Matthews, Caitlín and John. *Walkers between Worlds*. Rochester, NY: Inner Traditions, 2003.

Robinson, Yolanda M. *The Revised New Art-Tarot: Mysticism and Qabalah in the Knapp Hall Tarot*. (no place) CreateSpace, 2015.

Rolt-Wheeler, Francis. *Le Cabbalisme Initiatique* 3 vols. Nice, France: L'Editions Astrosophie, 1936–40.

Rolt-Wheeler, Francis. "L'Extase et la Sagesse." *L'Astrosophie* 8, no. 1 (July 1935): 11–15.

———. "La Réchute vers les Rites Anciens," *L'Astrosophie* 12, no. 3 (March 1935): 105–10.

———. *Mystic Gleams from the Holy Grail.* London: Rider, 1948.

———. *Tarot Médiéval.* Nice, France: Editions Astrosophie 1939.

Williams, Charles. *The Greater Trumps.* London: Faber & Faber, 1932.

Wirth, Oswald. *Tarot of the Magicians.* San Francisco: Weiser Books, 2012.

EINIGE TAROTKARTEN IM OSWALD-WIRTH-STIL

Kazanlar, Emil. *The Kazanlar Tarot*. Neuhausen, Switzerland: AGM Agmüller, 1996.

Knapp, J. A., and Manley P. Hall. *The Revised New Art Cards*. Los Angeles: Philosophical Research Society, 2013.

Lasenic, Pierre de (Petr Kohout z Lasenice). *Tarot, klic k iniciaci* (*Tarot: Keys of Initiation*). Prague: 1938.

Wirth, Oswald. *Le Tarot des Imagiers du Moyen Age*. Paris: Tchou, 1984.

ÜBER DEN AUTOR UND DEN ILLUSTRATOR

CAITLÍN MATTHEWS ist der Autor vieler Bücher über die Kunst der Weissagung, darunter *Untold Tarot: The Lost Art of Reading Ancient Tarots, Da Vinci Enigma Tarot, The Art of Celtic Seership* und *The Complete Lenormand Oracle Handbook.* Sie unterrichtet international und tritt regelmäßig auf Tarot-Konferenzen weltweit auf. Caitlín hat ihr Leben lang mit den einheimischen und hermetischen Mysterien der westlichen esoterischen Tradition gearbeitet. Sie ist Studienleiterin der Foundation for Inspirational and Oracular Studies, die sich den heiligen Künsten, den mündlichen und mythischen Traditionen und den antiken Inspirationsquellen widmet. Sie praktiziert Schamanismus in Oxford. www.hallowquest.org.uk.

WIL KINGHAN ist ein in Oxford, Großbritannien, lebender Künstler und Schriftsteller. Er war in seinem Leben schon vieles, vom Barmann und Briefträger bis hin zum Futuristen und Schamanen. Aufgewachsen im Irland der Unruhen, erforscht er in seinen Werken oft die Grenze zwischen den Welten und die dunklen und hellen Seiten des Lebens. Wil hat mit seinen Freunden und Partnern John und Caitlín Matthews an einer Reihe von Tarot-Projekten gearbeitet., darunter *The Shaman's Oracle, The Steampunk Tarot* und zuletzt *The Circle of the Sidhe.*